Modelos de Liderazgo

Estudios bíblicos para el ministerio

Editados por Lydia E. Lebrón Rivera

SOCIEDAD BÍBLICA AMERICANA
NUEVA YORK - PLANTATION

Modelos de Liderazgo
Estudios bíblicos para el ministerio

ISBN 1-58516-524-7

Impreso en los Estados Unidos de América
Span. Bible Studies on Leadership-110110
ABS-4/01-5,000—B1

Introducción

Hace varios años, en una reunión donde se discutía el tema del fortaleci-
miento de las congregaciones latinas, uno de los presentes enfatizaba su
argumento, diciendo: "Los tres factores más importantes de nuestro ministerio son, primero: el liderazgo, segundo: el liderazgo, y tercero: el liderazgo". El énfasis, más que un asunto retórico, hacía hincapié en la necesidad de ampliar, cada vez más, las perspectivas dentro de las cuales el tema
es estudiado. Todavía, y tal vez con más frecuencia, por la fluidez de los
tiempos, el tema del liderato sigue resonando y existe aún la necesidad de
seguir abordándolo. Esta colección de ensayos intenta responder a esta
necesidad.

Los escritores han tomado los relatos bíblicos sobre la vida, hazañas
y dichos de doce personajes bíblicos; los han presentado detalladamente
para así ver la manera en que estos hombres y mujeres de la Biblia ejer-
cieron su liderazgo. Al hacerlo han ofrecido sus propias visiones sobre

aspectos del liderazgo que pudieran contribuir a la formación de nuevos líderes y al crecimiento de aquellos que ya lo son. Los escritores y escritoras de los ensayos representan una diversidad de contextos de trabajo y por lo tanto ofrecen ópticas diversas sobre un mismo tema. Esperamos que los lectores puedan apreciar la riqueza de esta diversidad y que puedan encontrar en ella lecciones de mucho valor para sus ministerios.

En estos ensayos, personajes como Moisés, Josué, Samuel, David, Esdras, Juan el Bautista y Pablo, que son hartamente conocidos por la Iglesia, vuelven a ser examinados, permitiendo que encontremos momentos en sus vidas que es posible hayamos pasado por alto. En el caso de Moisés, por ejemplo, encontramos que su suegro le aconseja delegar parte de su tarea. En el estudio de Esdras, en un momento difícil de su vida, hombres, mujeres y niños le rodean y con su llanto solidariamente le acompañan: "Te apoyaremos", le dicen, "Anímate y manos a la obra." En otros, como en el estudio de Pablo, indagamos en la vida de un estudiante disciplinado, dispuesto a entrar en diálogo con otras ideas y a empujar los senderos de la fe hacia nuevas fronteras.

También nos encontramos con personajes como Débora, Ester, y María, la madre de Jesús, cuyos roles generalmente limitamos a las circunstancias, pero cuyas acciones evidencian un claro sentido de convicción por lo que hicieron. En el estudio de Débora, nos encontramos con una mujer cuyas capacidades de liderazgo crecieron a medida que aumentaron las demandas a las cuales estuvo dispuesta a responder. En el estudio de Ester, la imagen romántica de una joven pasiva y huérfana que se convierte en reina queda atrás para dar paso a una impresionante historia que revela una líder con excepcional agilidad mental y una enorme capacidad de lucha y sacrificio. Y en el estudio sobre María, el autor elabora en detalle algunos momentos en que María asume el liderato para revelar una gama de características poco enfatizadas sobre ella que la distinguen como una líder genuina, con habilidades y recursos muy reales y con una excepcional compenetración con su vocación de servicio.

En los ensayos sobre Noemí y sobre la Mujer Samaritana, la primera es vista, a diferencia de la interpretación tradicional, como la protagonista del libro de Rut. En este ensayo se ilumina tan cautivadora historia, con el intenso peregrinar de una líder apasionada, dispuesta a dialogar con su fe y a construir caminos de esperanza. En la Mujer Samaritana, la autora retoma un personaje, considerado enigmático por muchos, y se concentra en el único momento que conocemos de su vida. Al hacerlo, descubrimos a una mujer que no solamente se transforma en líder por lo que hace después del dialogo con Jesús, sino porque durante el diálogo, la honestidad y sabiduría de sus preguntas, a las que siguen las respuestas de Jesús, abren un nuevo camino de profundos retos para la Iglesia en el umbral de un nuevo tiempo.

Al final de cada ensayo encontrarán un grupo de preguntas para ayudarles a reflexionar sobre el material. Los ensayos pueden servir para el estudio del tema, de manera independiente o en grupos. Con pocas excepciones, la versión bíblica utilizada en la preparación de los ensayos es la Versión Popular. Para las excepciones se ha usado el texto de la Reina Valera del 1995. Instamos a que se lean las lecturas bíblicas en ambas versiones, pues al hacerlo la discusión se enriquece.

Agradecemos a Dios la oportunidad de compartir el presente recurso con la comunidad hispana. Oramos para que la vida del lector y la de su comunidad sean fortalecidas y nutridas con este aporte de la Palabra de Dios. ¡Que así sea!

Rvda. Lydia E. Lebrón Rivera
Sociedad Bíblica Americana
Nueva York – Plantation

v

Contenido

Moisés

El líder que conoció a Dios cara a cara

Lecturas bíblicas recomendadas: Éxodo 2-40; Deuteronomio 33, 34

Introducción

La historia de Moisés es una de las más fascinantes de todas las historias de liderazgo que encontramos en la Biblia. Las características de su liderazgo convierten a Moisés en un personaje digno de estudio. A lo largo de estas páginas lo encontraremos confrontando y resolviendo una gran variedad de situaciones problemáticas y desafiantes. Muchas de esas situaciones son análogas a las que los líderes cristianos tienen que confrontar y resolver hoy. La historia de Moisés ofrece inspiración y dirección al líder cristiano en el presente, pues hay ocasiones en que la comunidad contemporánea, al igual que el pueblo de Israel en el pasado, carece de visión y rehúsa seguir la voluntad divina.

Los libros de Éxodo (a partir del capítulo 2), Levítico, Números y

Deuteronomio, donde se nos habla de Moisés y de su histórica contribución a Israel, forman junto con Génesis una colección que la tradición judía llama "Tora", o La Ley, y que la tradición cristiana conoce como Pentateuco (o los cinco libros atribuidos a Moisés). En estos primeros cinco libros de las Escrituras encontramos la historia del pueblo de Israel, cuyo origen según el Pentateuco se remonta al momento mismo de la creación del ser humano sobre la tierra. Para el propósito de este ensayo, nos limitaremos a Éxodo, donde se relata en detalle la salida de los israelitas de su cautiverio en Egipto.

Contexto histórico y social

De acuerdo con la narración bíblica, la historia del éxodo de Egipto ocurrió aproximadamente unos 1,300 años antes de la era cristiana. Esto se infiere, por ejemplo, del hecho de que las ciudades de Pitón y Ramsés, que se mencionan en Éxodo 1.11, se edificaron en ese tiempo, durante el reinado de Ramsés II. Los numerosos eventos que conforman la narrativa del éxodo de las tribus de Israel de la tierra de Egipto, nos hablan del clamor de un pueblo oprimido, de sus luchas en el proceso de su liberación, la cual se logra gracias a una portentosa intervención divina, y al surgimiento de un líder libertador, Moisés. Éxodo 2 relata la historia del nacimiento y la infancia de Moisés. Desde su nacimiento, su vida estuvo en peligro de muerte debido a que el faraón egipcio temía al pueblo hebreo. Ya en el capítulo 1 de Éxodo se expresa de forma resumida ese temor y la estrategia del faraón para neutralizar la amenaza:

> *"Miren, el pueblo israelita es más numeroso y más poderoso que nosotros; así que debemos tramar algo para impedir que sigan aumentando, porque puede ser que, en caso de guerra, se pongan de parte de nuestros enemigos para pelear contra nosotros y se vayan de este país."* Éxodo 1.9,10

Creyendo que un sistema de opresión aún más fuerte serviría para contener el crecimiento de los israelitas, el faraón les exigió más de lo que hasta ese momento habían rendido en el trabajo de construcción al cual los había sometido. Sin embargo, los resultados no fueron los que el faraón había esperado: "Pero mientras más los maltrataban [a los hebreos], más aumentaban.

Así que los egipcios les tenían mucho miedo." (Éxodo 1.12) Al fracasar en su propósito, el faraón recurrió a una medida tan drástica como inhumana: el exterminio de todos los hijos varones de los hebreos:

> El rey de Egipto habló con Sifrá y Puá, que eran parteras de las hebreas, y les dijo:
> —Cuando atiendan a las hebreas en sus partos, fíjense en el sexo del recién nacido. Si es niña, déjenla vivir, pero si es niño, ¡mátenlo!   Éxodo 1.15,16

Fue dentro de este contexto histórico que Moisés llegó al mundo. Su madre tuvo que pasar por muchas adversidades para sacarlo adelante. Así es como, por ejemplo, para esconderlo de la ira del faraón lo escondió durante tres meses y luego lo colocó en una canasta entre los juncos, a orillas del Nilo (Éxodo 2.2,3). La hija del faraón lo encontró y entonces lo adoptó como hijo suyo. Gracias a la intervención de la hermana de Moisés, la hija del faraón le confió la crianza del bebé a la madre legítima, creyendo que esa mujer era sólo una nodriza.

Sin lugar a dudas, la madre de Moisés tuvo mucho que ver en la formación de la personalidad de su hijo, como suele suceder con los grandes líderes de la historia bíblica. ¿Quién duda que para esa mujer fuera muy importante que su hijo conociera su propio origen histórico y el de su pueblo, que ahora padecía en cautividad? Desde su infancia, Moisés fue educado en la fe y los valores morales de la religión de su madre. Esta sabía muy bien que cuando Moisés fuera a vivir al palacio del faraón sería expuesto a ideas, valores, creencias y costumbres extrañas, así como a dioses extraños. Si no aprovechaba esos primeros años para darle una formación sólida a su hijo, este seguramente se olvidaría de su pueblo y de sus propias raíces hebreas. La educación que le brindó su madre en circunstancias muy difíciles fue tan efectiva que Moisés nunca perdió su identidad racial y religiosa. Por el contrario, Moisés creció y se educó consciente de su identidad hebrea, a pesar de vivir en el palacio del faraón egipcio como hijo de la hija del faraón. El papel que jugó su madre fue esencial, porque ésta lo preparó en la fe de sus antepasados. Cuando Dios le llama en medio de la zarza ardiente, Moisés ya tenía conocimientos acerca de Dios (Éxodo 3).

No debemos perder de vista la humanidad de Moisés, pues en ocasiones lo imaginamos tan sobrenatural que no nos atrevemos a pensar en él como líder, y mucho menos como un líder que nosotros podemos y debemos imitar en nuestro propio liderazgo. Cuando leemos la historia bíblica detallada y cuidadosamente, advertimos que los buenos líderes del presente tienen mucho en común con Moisés. Por ejemplo, también Moisés provenía de una comunidad oprimida y de una familia común y ordinaria, como lo era la tribu de Leví. Su comunidad vivía oprimida en Egipto y debía desempeñar los trabajos que ninguna persona libre hubiera escogido para sí. Éxodo 1.11-14 describe gráficamente cómo vivía esa comunidad israelita sometida por el poder egipcio:

> Por eso los egipcios pusieron capataces encargados de someter a los israelitas a trabajos muy duros. Les hicieron construir las ciudades de Pitón y Ramsés, que el faraón, rey de Egipto, usaba para almacenar provisiones. Pero mientras más los maltrataban, más aumentaban. Así que los egipcios les tenían mucho miedo.
>
> Los egipcios esclavizaron cruelmente a los israelitas. Les amargaron la vida sometiéndolos al rudo trabajo de preparar lodo y hacer adobes, y de atender a todos los trabajos del campo. En todo esto los israelitas eran tratados con crueldad.

Es de suponer que, debido a su condición de esclavos, a los hebreos se les negó regularmente el acceso a los principales recursos sociales y económicos existentes. Sin embargo, la esclavitud y el trabajo forzoso no pudieron sofocar el clamor de ese pueblo ni ahogar su intenso deseo de libertad. Sin duda alguna, Moisés creció con ese mismo deseo de justicia en su corazón, al igual que muchas personas oprimidas en el presente en todas partes del mundo. Igual que sus compatriotas, también Moisés esperaba el momento en que se hiciera justicia, o la oportunidad de poder lograrla por sus propios medios, si sus opresores no tomaban la iniciativa en hacerles bien. Durante largo tiempo Moisés mantuvo un papel más bien pasivo, sin poder hacer nada, observando cómo los líderes egipcios abusaban y maltrataban a los hebreos. En la sociedad egipcia, estos últimos se encontraban completamente desamparados, como hoy le ocurre a mucha gente en nuestras comunidades.

Al igual que en la época de Moisés, hoy existen en todo el mundo condiciones de trabajo en las que se falta a la seguridad y al bienestar de los trabajadores. Por otro lado, y como en los ejemplos del éxodo, la ley hoy parece haber sido hecha para proteger principalmente a las clases privilegiadas, porque frecuentemente las autoridades ponen oídos sordos al clamor del pueblo. La justicia es, al parecer, para los que tienen suficientes recursos para comprarla. Los poderosos, los pudientes se pueden dar el lujo de ignorar las leyes. Así como esperaban los hebreos en Egipto, en el presente muchos aguardan el momento en que se les haga justicia.

Un episodio de la vida misma de Moisés, sin embargo, nos deja ver que en ocasiones la desesperación toma el lugar de la fe y de la esperanza. En una ocasión, al ver que un egipcio estaba maltratando a uno de sus compatriotas, Moisés no pudo aguantar más y mató al agresor, y trató de encubrir su homicidio (Éxodo 2.11-15). A pesar de haberlo hecho quizá con el propósito de impartir justicia, razonablemente esta acción fue desaprobada por su propia gente. Tan pronto el faraón se enteró de lo ocurrido comenzó a perseguirlo para darle muerte. A Moisés no le quedó otra alternativa que huir muy lejos de allí, a la tierra de Madián, donde una vez más acudió en ayuda de alguien: las hijas del sacerdote local, a quien unos pastores de rebaños les negaban el acceso al agua para sus propias ovejas. Agradecido por esta muestra de arrojo y justicia, el padre de las muchachas le ofreció hospitalidad y, con el tiempo, a una de sus hijas como esposa (Éxodo 2.16-23).

El llamado de Moisés

Su nueva etapa en Madián marcó el comienzo del ministerio de Moisés, pues fue en esa región donde tuvo su primer gran encuentro cara a cara con el Señor, como se relata en Éxodo 3.1-5:

> *Moisés cuidaba las ovejas de su suegro Jetro, que era sacerdote de Madián, y un día las llevó a través del desierto y llegó hasta el monte de Dios, que se llama Horeb. Allí el ángel del Señor se le apareció en una llama de fuego, en medio de una zarza. Moisés se fijó bien y se dio cuenta de que la zarza ardía con el fuego, pero no se consumía. Entonces pensó: "¡Qué cosa tan extraña! Voy a ver por qué no se consume la zarza."*

Cuando el Señor vio que Moisés se acercaba a mirar, lo llamó desde la zarza:

—¡Moisés! ¡Moisés!

—Aquí estoy —contestó Moisés.

Entonces Dios le dijo:

—No te acerques. Y descálzate, porque el lugar donde estás es sagrado.

Podemos apreciar en esta narrativa bíblica que es Dios quien toma la iniciativa para acercarse a Moisés. Tal vez tiene que ser así, ya que el ser humano tiende a desconocer cabalmente sus propias necesidades espirituales y por lo general no tiene inclinación alguna de trabajar en favor de los planes de Dios. Para que el liderazgo sea auténtico, el llamado tiene que venir de Dios. En la narrativa de Éxodo, es Dios quien se revela a Moisés en la zarza ardiendo, quien se identifica a sí mismo y quien finalmente le revela su voluntad:

—Yo soy el Dios de tus antepasados. Soy el Dios de Abraham, de Isaac y de Jacob.

Moisés se cubrió la cara, pues tuvo miedo de mirar a Dios, pero el Señor siguió diciendo:

—Claramente he visto cómo sufre mi pueblo que está en Egipto. Los he oído quejarse por culpa de sus capataces, y sé muy bien lo que sufren. Por eso he bajado, para salvarlos del poder de los egipcios; voy a sacarlos de ese país y a llevarlos a una tierra grande y buena, donde la leche y la miel corren como el agua. Éxodo 3.6-8a

La experiencia del llamado de Moisés tiene su enseñanza para el líder cristiano. Aun cuando son muchos los que se acercan a Dios con la pregunta "¿Qué quieres que haga?", no todos reconocen que su iniciativa de acercarse a Dios es una respuesta al llamado de Dios, y que la verdadera iniciativa es siempre de Dios. Es Dios quien primero se acerca a nosotros, y no al revés. El encuentro con Dios y con su palabra echa fuera la duda de si nuestro llamado a servir como líderes nos viene de parte de Dios mismo. Esta es la condición necesaria para que nuestro liderazgo pueda ser efectivo, así como la principal garantía y medida de que nuestro liderazgo responde al propósito de Dios.

Dios es también quien comisiona a sus líderes. En el trabajo del Señor no se hace lo que el líder quiere hacer sino lo que el Señor quiere que se haga, de ahí que el líder cristiano necesite instrucciones específicas de parte de Dios. Cuando Dios llama a una persona a una posición de liderazgo, no la llama para después decirle: "Déjame ver qué te puedo poner a hacer." ¡No! Dios ya tiene un trabajo específico para que esa persona lo lleve a cabo, y además provee las instrucciones. Dios es quien identifica el problema y es él quien escoge a sus líderes para que realicen la misión que les encomienda siguiendo las instrucciones precisas que les da, como lo ilustra el siguiente episodio, donde Dios llama a Moisés para encargarle la monumental tarea de liberar a su pueblo:

> *"Por eso he bajado, para salvarlos del poder de los egipcios; voy a sacarlos de ese país y a llevarlos a una tierra grande y buena, donde la leche y la miel corren como el agua. Es el país donde viven los cananeos, los hititas, los amorreos, los ferezeos, los heveos y los jebuseos. Mira, he escuchado las quejas de los israelitas, y he visto también que los egipcios los maltratan mucho. Por lo tanto, ponte en camino, que te voy a enviar ante el faraón para que saques de Egipto a mi pueblo, a los israelitas."* Éxodo 3.8-10

La visión y la misión del líder Moisés
La misión de Moisés consiste en ir como representante personal de Dios a la corte del faraón. Ha llegado la hora de negociar la libertad y la salida de los israelitas de la tierra de Egipto. La tarea de Moisés es doble: representar a Dios ante el faraón egipcio y sacar de Egipto al pueblo de Israel. Eso era todo lo que tenía que hacer; no debía intentar nada diferente. Todo lo que Dios esperaba de él era que regresara al palacio de donde un día había salido para decirle al faraón que Dios dice "Deja ir a mi pueblo". La otra parte de su misión consistía en convencer a su propio pueblo de que Dios lo había enviado a él para guiarlos hacia la libertad, fuera de Egipto. Esto, por supuesto, no era una tarea sencilla, especialmente cuando uno piensa en la incredulidad de sus compatriotas tras tantos años de plegarias sin respuesta aparente y, por encima de todo, en la sorpresa que habrían de experimentar cuando ese desconocido de repente les dijera que

Dios lo enviaba. La narrativa de Éxodo no podía dejar de lado este precioso diálogo entre el enviado y su Dios:

> Pero Moisés le respondió (a Dios):
> —El problema es que si yo voy y les digo a los israelitas: "El Dios de sus antepasados me ha enviado a ustedes," ellos me van a preguntar: "¿Cómo se llama?" Y entonces, ¿qué les voy a decir?
> Y Dios le contestó:
> —YO SOY EL QUE SOY. Y dirás a los israelitas: "YO SOY me ha enviado a ustedes." Éxodo 3.13,14

La tarea era muy grande por ambos lados; tanto para el faraón como para el pueblo de Israel, el reto no era nada fácil. Aunque el liderazgo parece fácil, tampoco lo es, pues el líder siempre se encuentra en el mismo centro de todo movimiento y problema, y es el líder el que siempre recibe las críticas y los ataques de los demás, aun de aquellos que se benefician gracias a su liderazgo. Sin embargo, aunque el trabajo es difícil, cuando el líder cristiano se sujeta a la voluntad, la unción y la dirección de Dios, tiene la certidumbre de que sus esfuerzos han de prosperar, pues Dios, que lo ha llamado a servir, nunca lo abandonará. Moisés experimentó esa misma certidumbre cuando Dios le dijo: "Yo estaré contigo, y esta es la señal de que yo mismo te envío: cuando hayas sacado de Egipto a mi pueblo, todos ustedes me adorarán en este monte" (Éxodo 3.12).

Algo muy importante que los líderes cristianos deben tener siempre en cuenta, especialmente en los momentos críticos y desafiantes, es que Dios no tiene duda alguna con respecto al liderazgo de aquellos a quienes ha llamado. ¡Los que dudamos somos los líderes mismos! Y aun en esos momentos cuando los líderes dudan, Dios los reafirma con señales específicas. Así, pues, Dios no le dijo a Moisés: "Si sacas de Egipto al pueblo", sino "Cuando hayas sacado de Egipto a mi pueblo", que es algo muy diferente. Dios afirmó su confianza en Moisés, el líder escogido para esa misión, y en la tarea que este llevaría a cabo. No podía haber sido de otra manera, pues su presencia y su poder divinos habrían de acompañar a su ungido en todo momento y proveerle cuanto le hiciera falta.

Una de las instrucciones más explícitas y terminantes que Dios le dio a Moisés fue que le comunicara a su pueblo un determinado mensaje. Dios siempre tiene un mensaje bien claro para la humanidad. La expresión "Así dirás" no se prestaba a especulación. Si sus compatriotas no podían asociar a ese Dios liberador con la memoria que tuviesen de Dios tras tantos años de cautividad, Moisés debía agregar lo siguiente: "El Señor, el Dios de los antepasados de ustedes, el Dios de Abraham, de Isaac y de Jacob, me ha enviado a ustedes. Este es mi nombre eterno; este es mi nombre por todos los siglos" (Éxodo 3.15b). Pero este mensaje de Dios tenía algo más que comunicar. En efecto, Moisés debía compartir con su pueblo el detalle de que Dios esperaba una respuesta, algo así como una confirmación de que habían recibido el mensaje divino y que estaban dispuestos a escucharlo: "El Señor, el Dios de los hebreos, ha salido a nuestro encuentro. Por lo tanto, déjanos ir al desierto, a una distancia de tres días de camino, a ofrecer sacrificios al Señor nuestro Dios" (Éxodo 3.18b). Era imperioso que Moisés diera a conocer ese mensaje tal y como lo había recibido de Dios.

Los líderes cristianos debemos asegurarnos de transmitir con claridad el mensaje que proviene de Dios, especialmente cuando tomamos nota de las muchas enseñanzas que, aunque parecen muy saludables, sin embargo carecen de fundamento bíblico. Nuestro mensaje debe ser claro, tan claro como la misma Palabra de Dios, y para que sea claro debemos renunciar a la tentación de embellecerlo con nuestras propias opiniones y perspectivas. El "Así dirás..." de Dios era todo un mandato. La opinión de Moisés aquí no contaba para nada; todo lo que Moisés tenía que hacer era comunicar a su pueblo el mensaje que Dios le había encargado. Si Dios le había dado la encomienda de anunciar la liberación y de trabajar por ella, ahora, quién era Moisés para pasarse los próximos diez o veinte años especulando acerca de la posibilidad o la conveniencia de salir de Egipto cuando todo indicaba que eso era prácticamente imposible y de muy poco beneficio práctico.

El arte de delegar

Volvamos por unos momentos a la humanidad de Moisés, la cual lo llevó a cometer errores. Durante el transcurso de su ministerio,

Moisés cometió el mismo error que hoy cometemos muchos líderes: el querer hacerlo todo por nuestra propia cuenta. A menudo este error se comete inconscientemente, unas veces cuando el líder piensa que nadie puede hacer las cosas tan eficazmente como él y, en consecuencia, se resiste a delegar responsabilidades. Otras veces se debe a que el líder no confía en nadie y por eso termina haciendo todas las cosas solo. No importa la razón: cuando los líderes no delegan, su efectividad se ve limitada, y cuando esto ocurre, se deteriora su capacidad creadora y casi siempre se agotan rápidamente. Es por eso que Jetro, su suegro, le dio un consejo muy sabio a Moisés cuando este tenía tanto trabajo por delante que no sabía por dónde empezar:

Al día siguiente Moisés se sentó y dictó sentencia en los problemas de los israelitas, los cuales estuvieron todo el día de pie delante de él. Al ver lo que Moisés estaba haciendo con ellos, su suegro le dijo:

—¿Qué es lo que haces con esta gente? ¿Por qué solamente tú te sientas y todos ellos se quedan de pie todo el día?

Y Moisés le contestó:

—Es que el pueblo viene a verme para consultar a Dios. Cuando tienen dificultades entre ellos, vienen a verme para que yo decida quién es el que tiene la razón; entonces yo les hago saber las leyes y enseñanzas de Dios.

Pero su suegro Jetró le advirtió:

—No está bien lo que haces, pues te cansas tú y se cansa la gente que está contigo. La tarea sobrepasa tus fuerzas, y tú solo no vas a poder realizarla. Escucha bien el consejo que te voy a dar, y que Dios te ayude. Tú debes presentarte ante Dios en lugar del pueblo, y presentarle esos problemas. A ellos, instrúyelos en las leyes y enseñanzas, y hazles saber cómo deben vivir y qué deben hacer. Por lo que a ti toca, escoge entre el pueblo hombres capaces, que tengan temor de Dios y que sean sinceros, hombres que no busquen ganancias mal habidas, y a unos dales autoridad sobre grupos de mil personas, a otros sobre grupos de cien, a otros sobre grupos de cincuenta y a otros sobre grupos de diez. Ellos dictarán sentencia entre el pueblo en todo momento; los problemas grandes te los traerán a ti, y los problemas pequeños los atenderán ellos. Así te

quitarás ese peso de encima, y ellos te ayudarán a llevarlo. Si pones esto en práctica, y si Dios así te lo ordena, podrás resistir; la gente, por su parte, se irá feliz a su casa.   Éxodo 18.13-23

En este pasaje hay varios elementos que debemos tomar en cuenta. Primero: la buena organización comienza con el reconocimiento de que uno no puede hacer todas las cosas solo. Segundo: es necesario admitir que si el proyecto crece eventualmente requerirá una estructura más orgánica y compleja. Tercero: un líder debe prepararse desde el mismo inicio de su llamado para delegar los trabajos más sencillos, que frecuentemente son los que demandan más tiempo. Cuarto: el líder debe procurar personas adecuadas, es decir, idóneas y debidamente calificadas para la tarea o la responsabilidad que se les delegará, y capaces de ofrecer un buen testimonio.

En muchas ocasiones, los líderes no prestan especial atención a la capacidad e integridad de aquellas personas en quienes delegan responsabilidades; el resultado acaba siendo peor que el problema original. Cuando esto ocurre, el líder por lo general termina haciendo todo el trabajo y confrontando problemas adicionales que sus ayudantes han causado por no saber hacer el trabajo. Éxodo 3.21 subraya las virtudes que deben poseer los ayudantes del líder llamado por Dios: deben ser personas capaces de realizar el trabajo asignado, deben ser temerosas, es decir, respetuosas de Dios, que es lo menos que se espera del líder mismo. Además, deben ser personas honestas e íntegras. ¡Cuántos problemas podríamos evitar si tan sólo prestáramos atención al consejo que Jetro le dio a Moisés! ¡Cuántas veces la elección de ayudantes o colaboradores inadecuados resulta en el fracaso y aun la destrucción del ministerio que ansiábamos realizar! Cuando el líder delega tareas y responsabilidades puede dedicarse a los problemas más serios y tiene tiempo para desarrollar mejores estrategias para el proceso. Por otra parte, está en condiciones de organizar como es debido, asegurándose de que se usan bien las energías y no se descuida nada. Ahora que Moisés había delegado responsabilidades, su comunidad podía recibir atención a sus problemas más rápidamente. Moisés tenía más tiempo para ellos y, por sobre todo, más tiempo para buscar la dirección de Dios.

La renovación devocional del líder

Un aspecto fundamental del liderazgo cristiano tiene que ver con el cultivo devocional, es decir, con la formación y renovación espiritual del líder. Las personas en posiciones de liderazgo deben separar tiempo para cultivar y consolidar su comunión personal con Dios. El descuido personal de la disciplina espiritual y diaria puede acarrear consecuencias catastróficas. Desafortunadamente, la mayoría de los líderes que no delegan responsabilidades terminan tan ocupados que descuidan este aspecto tan crítico de su ministerio. No tienen tiempo personal para dialogar diariamente con aquel que los ha llamado para realizar una tarea muy importante. Cuando un líder descuida su propia comunión cotidiana con Dios, inevitablemente pierde su contacto con él y ya no está en condiciones de percibir su dirección. Muy pronto pierde la visión, es decir, la noción de propósito del trabajo que se le ha encomendado. Aun peor: conforme surgen nuevas situaciones y retos, el líder ya no sabe cómo lidiar con ellos. Cada día, ese momento devocional que el líder aparta para renovarse espiritualmente le permite "consultar" con Dios con respecto a su tarea y al rumbo de su liderazgo; en otras palabras, ese momento renueva y rectifica su enfoque y visión del trabajo que Dios quiere que realice en su nombre.

Es a través de esos momentos de comunión devocional que Dios le provee al líder fuerzas y visión para continuar su ministerio. Es en esos momentos que Dios renueva su promesa de acompañarlo y sostenerlo hasta el fin. Es allí cuando Dios le recuerda que nunca ignorará sus necesidades personales. Hay líderes que piensan más de la cuenta en sus propias necesidades —si conseguirán o no lo que ellos creen que les hace falta. Este temor contribuye al fracaso de muchos. ¿Qué podemos aprender aquí de Moisés? Pues que él renunció a la comodidad y a la seguridad que le representaban su hogar y trabajo en Madián, bien lejos del conflicto, con el propósito de obedecer al llamado de Dios. Podemos especular sobre todo lo que pudo haber pasado por la cabeza de Moisés; las horas que pudo haber conversado con su esposa, con Jetro y su familia, y con sus amigos sobre los riesgos e inconvenientes. ¿Acaso Dios proveería para cubrir las necesidades de su hogar? ¿Tendrían lo suficiente para sobrevivir? Es probable que en muchas ocasiones Moisés haya sentido temor, que haya tenido serias dudas, que haya preferido que Dios llamase a otra persona con menos obligaciones familiares. No importa lo que haya pasado por su corazón, lo que cuenta es que Moisés lidió con todas esas preocupaciones personales y familiares y no permitió que las mismas lo desviaran ni lo distrajeran del llamado que Dios personalmente le hacía. Cuando tenemos esa convicción de que es Dios quien nos llama, así como la seguridad de que Dios mismo ha de proveer para nuestras necesidades diarias, estamos mejor preparados para renunciar a nuestras comodidades y conveniencias diarias. Además, sabemos que nuestro llamado a la tarea de Dios es auténtico y que Dios nunca nos abandonará ni se olvidará de nosotros y de nuestros seres queridos.

El desánimo y la providencia divina

Cuando Dios llama, se encarga del sostenimiento físico y espiritual de sus siervos. Existen evidencias claras de la forma providencial en que Dios sustentó a su pueblo Israel, a Moisés y a su familia durante todos los años que anduvieron por el desierto. Cuando ya parecía que no había nada qué comer, Dios los sostuvo diariamente enviándoles alimentos de día y de noche. Esa fue tan sólo una muestra de que Dios nunca deja desamparados ni a sus líderes ni a su pueblo. Además del maná, Dios constantemente les proveyó el agua necesaria para que calmasen su sed y la de sus rebaños. Toda vez que nos preocupamos demasiado por nuestro bienestar económico y material, debemos pensar que el Dios que pudo sostener a una nación entera durante cuarenta años, en un desierto donde no había absolutamente nada, no ha cambiado. Dios tiene el mismo poder hoy para sostener al líder cristiano y a su pueblo que le sigue; lo único necesario es depositar su confianza en el Señor.

Todo líder se enfrenta, tarde o temprano, con el problema del desaliento, el suyo propio o el de su comunidad. Moisés no estuvo exento de ese problema. En numerosas ocasiones el pueblo de Israel se desanimó. Aún no habían salido de Egipto cuando ya se encontraban desanimados y renegando de Moisés, como leemos en Éxodo 14.11,12:

Y a Moisés le dijeron:

—¿Acaso no había sepulcros en Egipto, que nos sacaste de allá para hacernos morir en el desierto? ¿Por qué nos has hecho esto? ¿Por qué nos sacaste de Egipto? Esto es precisamente lo que te decíamos en Egipto: "Déjanos trabajar para los egipcios. ¡Más nos vale ser esclavos de ellos que morir en el desierto!"

Es importante recordar aquí que cuando una persona se desanima, ve las cosas negativamente. Una persona desanimada no puede encontrar ningún incentivo para seguir adelante; por lo tanto, lo único que hace es quejarse y seguir quejándose, aun en medio de una gran bendición. Cuando una persona se desanima, no importa la empresa o la tarea en la que se encuentre involucrada, además de quejarse se rehúsa a seguir adelante. Los líderes deben comprender que su comunidad se desanima por falta de visión y convicción en lo que está haciendo o de lo que se espera de ellas. En esos casos, el líder debe recurrir a Dios para pedir iluminación, es decir, sabiduría y fuerzas para ayudar a otros a superar su estado de ánimo. También debe mantenerse pacientemente trabajando con su comunidad, de lo contrario surgen roces, tensiones y aun serios confrontamientos, con lo que puede echar a perder su liderazgo y muy probablemente la empresa que Dios ha puesto en sus manos. Moisés reconoció a tiempo ese peligro y, siguiendo las instrucciones de Dios, le habló a su pueblo de la siguiente manera: "No tengan miedo. Manténganse firmes y fíjense en lo que el Señor va a hacer hoy para salvarlos, porque nunca más volverán a ver a los egipcios que hoy ven. Ustedes no se preocupen, que el Señor va a pelear por ustedes" (Éxodo 14.13).

Observemos la calma de Moisés al tratar con su pueblo. Moisés no se ofendió por los reclamos de su pueblo, reclamos motivados por el temor y la incertidumbre, sino que reafirmó su confianza en Dios y en ellos. La persona desanimada no necesita reprimendas sino afirmación y que alguien le dé dirección a sus pensamientos. Recordemos que el desánimo frecuentemente se debe a que unos y otros tienen expectativas equivocadas, y esto puede corregirse con información adecuada y con una visión mucho más amplia, rica y promisoria, como la visión de un Dios que va delante de su pueblo de día y noche, con la Tierra Prometida como único y último destino. Esta visión fue sin duda mucho más significativa y movilizadora que la que los israelitas habían nutrido durante sus años de cautiverio y frustración.

Conclusión

Ya en las postrimerías de su vida, Moisés bendice a las doce tribus de Israel (Deuteronomio 33). Tras la última bendición, el anciano caudillo reitera su visión de un Dios en cuyos brazos reposa la salvación de aquellos que le temen y le aman: "El Dios eterno es tu refugio", proclama Moisés (33.27a). Y entonces concluye con palabras que su pueblo jamás podrá olvidar: "Israel vivirá confiado, sus descendientes vivirán en paz. En sus tierras habrá trigales y viñedos, y nunca les faltará la lluvia del cielo" (33.28). Una vez más, la visión de un Dios misericordioso y fiel garantiza la promesa de shalom:

> *"Dichoso tú, Israel,*
> *¿quién se te puede comparar?*
> *El Señor mismo te ha salvado;*
> *él te protege y te ayuda,*
> *¡él es tu espada victoriosa!*
> *Tus enemigos se rendirán ante ti,*
> *y tú aplastarás su orgullo."*
> Deuteronomio 33.29

La manera en que Israel lloró la muerte de su libertador dio testimonio de la inmensa contribución de Moisés. "Nunca más hubo en Israel otro profeta como Moisés con quien el Señor hablara cara a cara"(Deuteronomio 34.10). Esta última expresión seguramente alude a la estrecha intimidad que el caudillo y su Dios cultivaron a lo largo de los años. Es verdad que Moisés protagonizó momentos de regocijo y tragedia; lealtad y desobediencia; aciertos y errores; euforia y frustraciones, y que aún tuvo que pagar un precio muy alto por la infidelidad de su gente. Sin embargo, su fidelidad a la visión de un Dios misericordioso y justo nunca desfalleció. Esa es la razón de su estrecha relación con Dios hasta el último instante de su vida y ministerio. Ojalá nuestros líderes, así como sus comunidades, puedan redescubrir y reclamar para sí este privilegio: el de ser conocidos por Dios "cara a cara", como lo fue Moisés.

Temas para reflexión y/o discusión

1. ¿Por qué cree usted que el liderazgo de Moisés provee un modelo y ejemplo para los líderes cristianos de hoy?

2. ¿Encuentra usted semejanzas entre su liderazgo y el de Moisés?

3. ¿Qué aprendemos de la "visión" de Moisés para su pueblo?

4. ¿Cree que el líder debe estar siempre dispuesto a aprender y poner en práctica nuevas formas/estilos de liderazgo?

5. ¿Qué puede hacer el líder en momentos de frustración y desánimo?

Josué

Un caudillo consagrado a la salvación de su pueblo

Lecturas bíblicas recomendadas: Éxodo 17.8-16, 32-34; Números 13; 27.12-23; Josué.

Introducción

En los tiempos difíciles, cuando la esperanza menguaba y el valor cedía paso ante el miedo, muchos israelitas dudaron de la posibilidad de ver hecha realidad en sus vidas las promesas divinas proclamadas por el siervo de Dios, Moisés. Frente a la monumental empresa de la conquista y distribución de la Tierra Prometida, la duda del pueblo crecía como una avalancha de nieve. ¡Tan frágil era su memoria colectiva! En medio de esa crisis surgió un líder tan fiel como decidido, profundamente humano y con una gran capacidad para ver más allá de las limitaciones y los obstáculos. Ese líder no vaciló un instante en confiar en la palabra de Dios, en poner en práctica su fe y en procurar la salvación de su propio pueblo. Nos referimos a Josué, cuyo nombre significa "Dios es salvación."

Josué se nos presenta en el libro de Números como uno de los doce espías que Moisés envió a la tierra de Canaán para estudiar el territorio y las fuerzas enemigas. Una vez de regreso, Moisés y sus comandantes usarían los informes ofrecidos por estos espías para determinar las posibilidades concretas de lanzarse a la conquista de Canaán, la tierra que Dios les había prometido desde mucho tiempo atrás. Diez de los doce espías regresaron con informes desalentadores: no había manera de que los israelitas pudieran cruzar el río que los separaba de Canaán y vencer a los poderosos ejércitos locales. Según esos diez espías, la llamada tierra "prometida" estaba habitada por gigantes que los israelitas jamás podrían derrotar. Sin embargo, el informe de los otros dos espías, Caleb y Josué, fueron sumamente positivos y alentadores. Según éstos, Canaán era tierra buena, donde manaba "leche y miel." También estimaban que Israel podía quedarse con la victoria si tan sólo confiaba en la promesa que Dios les había hecho. El pueblo se dejó llevar por el tono sombrío y amenazante del informe de los diez espías, lo cual revelaba su temor y su falta de fe en Dios. Por consiguiente, Dios se disgustó y castigó la incredulidad de su pueblo con una demora de cuarenta años, que fue precisamente el tiempo que le tomó a Israel entrar en Canaán.

La vida y las hazañas de Josué se encuentran en el libro del mismo nombre y tienen lugar después de los eventos del éxodo y del peregrinaje de los israelitas por el desierto. Todo esto ocurrió durante el siglo XIII a.C. Josué se convirtió en líder de una comunidad que comenzó a construir su propia historia como nación. Hasta ese momento, Israel había sido un pueblo sin tierra, desprovisto del menor espacio vital donde poder organizar su vida comunitaria. La conquista y posesión de Canaán es la historia de la reivindicación social y política, así como religiosa, de un pueblo campesino. Esa reivindicación implicó la adquisición de un territorio bien concreto y definido donde establecerse y vivir en paz.

Es importante señalar aquí que, en la teología de la tierra prometida, dicho territorio no se concebía meramente como propiedad privada de una comunidad en particular sino como posesión de Dios, quien se la concedía a su pueblo pero en fideicomiso, para que la administrara y disfrutara responsablemente como un buen mayordomo. La gestión de Josué consistió en convencer a las numerosas tribus de Israel, que por años habían mostrado muy diversos intereses y estrategias, de que había llegado la hora de trabajar unidos y orgánicamente, de lo contrario no podrían asegurar esa tierra ni preservar su libertad ni sus sueños nacionalistas.

En las Escrituras hebreas, la tierra es un concepto de importancia extraordinaria. Es la tierra, al fin y al cabo, el espacio vital donde una comunidad encuentra todo cuanto le hace falta material y espiritualmente para vivir cada día. La tierra poseída representaba para ellos la consumación y evidencia de la salvación divina y del bienestar espiritual del pueblo así como de su dignidad nacional, fuente de sustento y también el lugar donde la comunidad podía encontrar a su Dios. Josué no fue ajeno a esa visión, y parte de su empresa consistió en ayudar a su pueblo a llevarla a cabo. En síntesis, la promesa divina de la tierra para esas tribus errantes que habían sufrido tanto durante su cautiverio en Egipto y cuarenta años de peregrinaje por el desierto, significó al mismo tiempo una promesa de salvación.

Josué y el liderazgo de su mentor Moisés
Con respecto al liderazgo, actualmente se debate, especialmente en los círculos de estudios psicológicos y de administración de negocios, si los líderes nacen o se hacen. Algunos argumentan que un líder nace, es decir, que en su personalidad hay algo innato que lo habilita para el liderazgo. Otros proponen lo contrario: los líderes se van "haciendo" en respuesta a los estímulos sociales y las circunstancias que les toca vivir. En otras palabras, los primeros sostienen que el liderazgo es algo que no se aprende, mientras que los segundos sostienen lo contrario. ¿Quién tiene la última palabra con respecto a esa cuestión? Nos parece presuntuoso concluir terminantemente que un líder nace o que se hace, por la simple razón de que no podemos verificarlo a ciencia cierta, como si fuese un experimento de laboratorio. Con todo, debemos confesar que nos resulta difícil resistir la tentación de opinar sobre el tema; a nosotros nos parece que Josué fue un líder que aprendió muchísimo de su maestro Moisés y que su liderazgo continuó estrechamente al del legendario caudillo quien guió a su

pueblo a través del Mar Rojo. Josué y Moisés representaron dos etapas de un mismo liderazgo, tal fue la continuidad entre ellos y la manera como se compenetraron en una misma visión y una misma misión. ¡Cuán compenetrados estuvieron que fue Moisés quien le dio a su discípulo el nombre de Josué! (Números 13.16)

A Josué, de la tribu de Efraín, se le menciona por primera vez en Éxodo 17.9, cuando Moisés le encarga que organice el ataque contra Amalec. Según la narración bíblica, ésta es la ocasión en la que Josué emerge como líder militar, rol que desempeñará por muchos años. Moisés fue el líder espiritual del pueblo y Josué su líder militar. En este pasaje que acabamos de citar, donde se narra la batalla contra los poderosos enemigos de Israel, vemos a Moisés en una relación muy íntima con Dios: mientras Moisés puede mantener sus brazos en alto, como en súplica hacia el cielo, el ejército de Josué prevalece sobre sus enemigos. Algunos comentaristas han sugerido que este liderazgo compartido ofrece un modelo sumamente equilibrado de la relación que existe, o que debiera existir, en la vida de las naciones, entre el esfuerzo humano (Josué) y la acción divina (Moisés).

Esta primera intervención de Josué deja bien en claro que su formación como líder se estaba llevando a cabo maravillosamente bien. En primer lugar, Josué había aprendido a escuchar a Moisés, quien le había encargado el ataque contra los amalecitas. Pero además había aprendido a obedecerle, ya que no vaciló un instante y luchó contra el enemigo. Finalmente, había aprendido a ser buen compañero, pues desde muy joven se mantuvo cerca de su líder y lo apoyó en los tiempos buenos y en los difíciles (vea, por ejemplo, Éxodo 24.13; 32.17). Estas cualidades de Josué no pueden faltar en ningún líder de hoy. La capacidad de saber escuchar y discernir las diversas voces e historias así como las diferentes fuentes de información y apoyo, es vital para la formación personal del líder.

También es fundamental que los líderes estén convencidos, como los estuvieron Moisés y Josué, de que es Dios quien los escoge y les da una misión, y que Dios sigue presente en medio de sus vidas, siempre fiel a su promesa. Por último, la solidaridad y el compañerismo presuponen un compromiso de lealtad a la comunidad con la cual trabaja el líder. Sin integridad, el líder nunca ganará el respeto y la confianza de su comunidad, y mucho menos el respeto y la confianza de quien lo ha llamado a dar su vida por la comunidad. Josué nunca abandonó a su mentor, ni siquiera en las circunstancias más adversas, y jugó un papel fundamental en la preparación de su pueblo para la conquista de la tierra prometida. A lo largo de los años, muchos otros líderes y personas de influencia se cansaron de Moisés; otros se resintieron contra el gran caudillo; no faltaron los que murmuraron contra él y otros llegaron al extremo de rebelarse contra su liderazgo. Pero Josué jamás se apartó de Moisés y le fue fiel hasta el fin.

La historia de Josué nos enseña algo más. Por lo general, uno no se convierte en líder de la noche a la mañana. Al igual que el aprendizaje de cualquier oficio o profesión, el liderazgo, no importa cuán carismático sea un líder, requiere tiempo y maduración así como un esfuerzo prolongado de estudio y práctica. Josué bregó intensa y pacientemente. Se fue haciendo líder junto a su maestro Moisés y a través de una relación que incluyó elementos de imitación y otros elementos novedosos. En el libro de Éxodo no hay ningún otro personaje, con excepción de Aarón, que haya compartido tanto tiempo con Moisés. En efecto, Josué acompañó a Moisés durante la guerra contra Amalec y estuvo con él en la montaña mientras el pueblo construía su becerro de oro. Definitivamente, hubo mucho intercambio y fraternidad entre Josué y Moisés. Josué no sólo aprendió de Moisés a través de lo que éste decía, sino también de todo lo que hacía, e incorporó a su propio estilo de liderazgo mucho de lo que aprendió de su maestro a lo largo de los años.

Esta forma de aprender a ser líder es bastante común dentro de nuestras comunidades hispanas. Se trata de una dinámica flexible e informal mediante la cual los más jóvenes van "tomados de la mano" de sus líderes, que los capacitan para el liderazgo en un futuro cercano. Cuántos líderes laicos y pastores no han "tomado a un/una joven de la mano" para que los acompañe a alguna reunión administrativa, o los ayude con un servicio de adoración o una clase bíblica, o para asistir a una entrevista o participar en algún otro momento importante de sus ministerios y carreras, proveyéndoles así oportunidades preciosas para desarrollarse como líderes. Nuestras comunidades hispanas aprecian y promueven este tipo de "escuela" de liderazgo porque muy a menudo no contamos con los recursos financieros ni profesionales para capacitar a nuestros futuros líderes en centros académicos, como pueden hacer otros sectores de la población. Por sobre todo, este modelo de "mentoría" nos toca muy de cerca porque enfatiza la relación estrecha e íntima entre los líderes del presente y los del futuro, al igual que la relación entre Moisés y Josué.

El llamado de Josué

Tras la muerte de Moisés y cuando muchos en Israel se preguntaban si acaso podría encontrarse alguien de la talla de Moisés que pudiera sucederle, Dios echó mano de Josué. Sus largos años de formación junto a Moisés lo habían capacitado y madurado para el desafío extraordinario de la conquista de Canaán:

> *Después que murió Moisés, el siervo del Señor, habló el Señor con Josué, hijo de Nun y ayudante de Moisés, y le dijo: "Como mi siervo Moisés ha muerto, ahora eres tú quien debe cruzar el río Jordán con todo el pueblo de Israel, para ir a la tierra que voy a darles a ustedes. Tal como se lo prometí a Moisés, yo les daré toda la tierra en donde ustedes pongan el pie.... Nadie te podrá derrotar en toda tu vida, y yo estaré contigo así como estuve con Moisés, sin dejarte ni abandonarte jamás.... Yo soy quien te manda que tengas valor y firmeza. No tengas miedo ni te desanimes porque yo, tu Señor y Dios, estaré contigo dondequiera que vayas."* Josué 1.1-3,5,9

El llamado de Dios a Josué no fue abstracto ni genérico, sino muy específico. En primer lugar, incluyó una orden bien concreta y una descripción de la misión: "...ahora eres tú quien debe cruzar el río Jordán." En segundo lugar, conlleva una reafirmación de que la providencia de Dios iría con él: "Estaré contigo..." Finalmente, un consejo "personal": "No tengas miedo ni te desanimes..." ¿Cómo debe haberse sentido Josué en ese momento? Imaginamos que estas recomendaciones lo hicieron sentir inmensamente responsable del bienestar de su pueblo. La misión era casi imposible, y sin retorno: o derrotaban a sus aguerridos enemigos y se establecían en Canaán, o se consumían de hambre, sed y enfermedad en el desierto. El estribillo del corito que cantamos en nuestras iglesias latinas tal vez expresa muy bien lo que pudo haber pasado por la mente de Josué en esos momentos: "Los ángeles no son llamados a cambiar un mundo de dolor por un mundo de paz. Me ha tocado a mí... y mi mano lista está para construir con Dios un mundo fraternal..." Estas líneas enfatizan la importancia de la acción humana como parte integral de la acción de Dios, un Dios que acepta nuestra participación en su lucha por el bien. En este sentido podemos decir que, al igual que Moisés, Josué fue como la mano derecha de Dios.

Otro aspecto importante del llamado de Josué es que Dios le prometió su ayuda y compañerismo en todo momento. Dios siempre nos sale al encuentro, pues es un Dios de diálogo, de pactos, de búsqueda y de misericordia. Pero también es un Dios de compañerismo constante e ilimitado, pues se identifica solidariamente con su pueblo, guiándolo como nube de día y como columna de fuego de noche. Dios espera lo mismo de sus líderes: que caminen junto a su pueblo de día y de noche. Eso es lo que Dios le aseguró a Josué: que si caminaba junto a su pueblo, su providencia iría con él para poner en marcha uno de los eventos más decisivos en la vida de Israel. Finalmente, esa certidumbre divina habría de alimentar el coraje y la determinación del joven caudillo y darle las fuerzas necesarias para mantener su rumbo aun en los momentos más críticos. Con esa certidumbre, como Josué descubriría muy pronto, esforzarse y ser valiente es mucho menos difícil de lo que uno imagina. Fueron muchas las batallas y los enfrentamientos que tuvieron lugar antes de que el pueblo pudiese conquistar la tierra prometida, pero en todo momento Dios estuvo con ellos.

Como es bien sabido, debido a la desobediencia de su pueblo Moisés no pudo entrar personalmente en la tierra prometida. Tuvo que conformarse con verla desde lejos, desde el monte Abarim (Números. 27.12-14). Pero quizás a modo de consuelo Dios le permitió que designara a Josué para que le sucediera y gobernara las tribus de Israel durante la etapa del establecimiento y distribución de Canaán. En este mismo pasaje de Números 27 se narra la elección de Josué:

El Señor respondió a Moisés:

—Josué, hijo de Nun, es un hombre de espíritu. Tómalo y pon tus manos sobre su cabeza. Luego preséntalo ante el sacerdote Eleazar y ante todo el pueblo, y dale el cargo delante de todos ellos; pon sobre él parte de tu autoridad, para que todo el pueblo de Israel le obedezca. Pero Josué deberá presentarse ante el sacerdote Eleazar, y Eleazar me consultará en su nombre por medio del Urim. Josué será el que dé las órdenes a los israelitas, para todo lo que hagan.

Moisés hizo tal como el Señor se lo había ordenado. Tomó a Josué y lo presentó ante el sacerdote Eleazar y ante todo el pueblo. Le puso las manos sobre la cabeza y le dio el cargo, tal como el Señor lo había ordenado por medio de Moisés.

Números 27.18-23

Debemos notar que el relato destaca que en Josué reside el "espíritu" de Dios. Es éste, sin lugar a dudas, el ingrediente más importante en la elección de Josué como sucesor de Moisés. Esta expresión equivale a decir que Josué era del agrado de Dios, que Dios confiaba plenamente en él. La elección de Josué por Dios se confirmó públicamente mediante la imposición de manos sobre el nuevo líder. ¡Cuán importante es reconocer públicamente a nuestros líderes! Muchos líderes fracasan porque se les encarga una misión pero sin la autoridad necesaria para llevarla a cabo, o sin el reconocimiento debido. Hay situaciones que requieren que se haga explícita esa autoridad institucional que ahora Moisés delega en Josué, de lo contrario la comunidad puede resistir o desconfiar del nuevo líder designado, e incluso prestarle menos atención que a otros, que aunque lucen muy carismáticos, quizás tengan poco o nada que ofrecer.

Finalmente, el pueblo reunido en "asamblea" atestigua y confirma la designación de Josué. Antes habíamos dicho que la cooperación es fundamental. Volvemos a repetir que sin la constante colaboración y consenso entre los líderes y su comunidad, poco de bueno puede ocurrir. Los líderes no deben perder de vista el hecho de que su autoridad debe estar al servicio de la comunidad cuyas necesidades y sueños se le han confiado. Tampoco pueden ignorar que su comunidad tiene mucho que decir en el proceso.

A menudo nuestros líderes se engolosinan con el poder y se van alejando de su gente, o alienándose de ella. Un líder auténtico nunca silencia ni ignora a su pueblo; por el contrario, lo tiene muy en cuenta y consulta permanentemente con él en busca de apoyo e inspiración. Debemos cuidarnos de no subestimar a la comunidad que Dios ha puesto en nuestras manos, pues el bienestar de esa comunidad es primordial en la mente y el corazón del Señor.

Josué y el nacimiento de una nación

La primera parte de la misión "imposible" que Dios le encomendó a Josué llega a su fin con la conquista de Canaán. Pero hay una segunda parte, tan desafiante y exigente como la primera. Una vez en la tierra prometida, Israel tiene que encontrar la forma adecuada de organizarse y establecerse y eso requiere que se distribuya la tierra. ¿Podrá lograrlo Josué, ahora un hombre anciano y con mucho menos energías que en el pasado? Dios se encargará de arrojar a sus enemigos de la tierra prometida, pero Josué tendrá que encontrar la manera de implementar su distribución: "Tú ocúpate de repartir y dar posesión de la tierra a los israelitas, tal como yo te he ordenado. Reparte esta tierra entre las nueve tribus y la media tribu de Manasés" (Josué 13.6b,7).

El reparto o distribución del territorio conquistado constituyó, junto con la conquista, un momento fundamental en la historia de Israel, cuando nació y se organizó como nación. La tierra les aseguraba ahora un espacio mínimo y vital como comunidad y además un marco de referencia dentro del cual podían cimentarse cultural, racial, social, política y religiosamente. El proceso, claro está, había comenzado mucho antes y nunca se había detenido a pesar del peregrinaje por el desierto, pero ahora adquiría una vitalidad y una estructura que antes había carecido. La tierra de Canaán les confería un nuevo sentido de dignidad y también una nueva obligación: su defensa cotidiana y la preservación de la paz y la unidad tribal.

Durante el éxodo y las guerras de conquista, las tribus habían elaborado una agenda común: su propia supervivencia y la erradicación de sus enemigos. Ahora que tenían tierra y comenzaban a disfrutar de la paz, esa agenda tenía que ser modificada. Tenían que aprender a convivir como una sola comunidad, y con enemigos más allá de sus propias fronteras. Todo esto requería que clarificaran su visión como pueblo. Dentro de ese contexto tan vital como frágil, el reparto de la tierra implicaba la posibilidad de conflicto. Seguramente unas tribus se sentían más merecedoras, con más derecho que otras; por otra parte, ciertas porciones del territorio eran más apetecibles que otras. ¿Cómo proceder? El método de sorteo, que Dios ya le había propuesto a Moisés, contribuyó a evitar una confrontación entre las tribus y a consolidar la paz interna.

Una vez más Josué puso en evidencia su capacidad para liderar y administrar, ya que fue él mismo quien se encargó de parcelar el territorio antes del sorteo y de asegurarse que el proceso se llevara a cabo. También tuvo que designar las ciudades de refugio o santuario, y proveer para las ciudades de los levitas (Josué 18-21). "Ni una sola palabra quedó sin cumplirse de todas las buenas promesas que el Señor había hecho a los israelitas" concluye el cronista en 21.45.

Ya hemos mencionado la importancia de Josué durante esta segunda etapa de la misión, la cual significó para Israel una gran oportunidad para el cultivo de una identidad comunitaria y la búsqueda de metas comunes. La experiencia que Josué obtuvo de este proceso puede ser de mucha utilidad para nuestras comunidades hispanas hoy, pues nosotros también hemos estado luchando y seguimos luchando para asegurar un mínimo de espacio vital donde vivir dignamente tras muchas penurias y privaciones. ¿Qué podemos aprender? ¿Qué inspiración podemos encontrar hoy en la experiencia de Israel durante esa etapa y de la propia experiencia de liderazgo de Josué? ¿Cómo podemos preservar nuestra comunión en medio de cambios tan radicales y en circunstancias que, al menos para una buena parte de nuestra comunidad, siguen siendo muy difíciles? ¿Cómo podemos distribuir, es decir, compartir equitativamente entre todos los sectores de nuestra comunidad los espacios vitales y las oportunidades logradas? ¿Qué podemos hacer para relacionarnos mejor unos con otros, a pesar de nuestras diferencias internas? ¿Qué podemos hacer para compartir nuestros logros y oportunidades, para que juntos podamos heredar y gozar el éxito de una conquista que tanto trabajo nos ha costado?

El legado de Josué

Como ocurre con todas las grandes vidas e historias, siempre llega el momento de atisbar el final de la carrera. Josué, cuya integridad jamás nadie cuestionó, reconoce el ocaso de sus energías y entonces convoca a sus compañeros de trabajo para hacerles una confesión que todos anticipan: "Yo ya estoy viejo, y los años me pesan." (Josué 23.2b) En un conmovedor discurso de despedida (Josué 24.1-28), Josué le recuerda al pueblo lo que Dios ha logrado a través de él y de otros líderes, y le pide que reconozca la "compañía" constante de Dios a lo largo de las generaciones: "Yo ya me voy a morir, pero antes quiero que ustedes reconozcan de todo corazón y con toda el alma que se han cumplido todas las cosas buenas que el Señor les prometió. Ni una sola de sus promesas quedó sin cumplirse" (Josué 23.14).

Por supuesto, nunca falta una palabra de advertencia junto a una palabra de promesa, como podemos ver en muchos otros lugares de las Escrituras. Tampoco falta aquí:

> *"Pero, así como se cumplió todo lo bueno que el Señor les prometió, así también él traerá sobre ustedes todo tipo de calamidades, hasta que no quede ni uno sólo de ustedes en esta tierra buena que él les dio, si no cumplen la alianza que el Señor hizo con ustedes. Si van y adoran a otros dioses, y se inclinan delante de ellos, el Señor se enojará con ustedes y muy pronto serán borrados de esta tierra buena que él les ha dado."*   Josué 23.15,16

Nos guste o no, parece decir Josué, tal es la naturaleza del pacto con Dios. Si se esfuerzan y son valientes y obedientes podrán gozar la promesa eternamente, porque a la promesa de Dios la alimentamos nosotros mismos con nuestra consagración diaria. De lo contrario, le estarán cerradas las puertas al bienestar espiritual y material que Dios desea para todos. El elemento central de este capítulo 23, y quizás de todo el libro de Josué, es que Dios acompaña a su pueblo en todo momento. Lo único que Dios espera de su pueblo es que se esfuerce y sea valiente.

Conclusión

Josué le recuerda a Israel lo que Dios ha hecho por ellos. Los líderes de hoy deberíamos aprender de él y aprovechar sabiamente ese recurso: la memoria colectiva de las bendiciones que nuestra comunidad ha experimentado en medio de dificultades y gozos. Esta memoria es parte del tesoro de nuestra identidad y nos permite mantener vivos aquellos eventos que nos llenan de alegría y orgullo y que reivindican nuestra dignidad. Si nunca tenemos nada que recordar, ¿dónde vamos a encontrar la motivación necesaria para soñar con un futuro mejor? El ejercicio de nuestra memoria histórica, es decir, el recuento de las hazañas y travesías de nuestro pueblo, puede fortalecernos y madurarnos como pueblo de Dios y al mismo tiempo ayudarnos a ser honestos con nuestro pasado y nuestro presente.

Finalmente, Josué le pide a su pueblo reunido: "Respeten al Señor" a Dios "y sírvanle con sinceridad y lealtad." (Josué 24.14a) ¿Puede Israel ignorar el consejo y los deseos de su amado líder? De ninguna manera, como sugiere su enfática respuesta: "¡No permita el Señor que lo abandonemos por servir a otros dioses!... Nosotros también serviremos al Señor, pues él es nuestro Dios." (Josué 24.16,18b) Josué y el pueblo que ha guiado por décadas celebran un pacto en Siquem. Según el relato bíblico, esta alianza representó algo así como la despedida de Josué, quien murió poco después. A diferencia de muchos otros líderes nacionales, Josué no procuró inmortalizarse en una estatua. Aunque le cabía todo el derecho del mundo a recibir un homenaje grandioso, su premio, por así decirlo, consistió en que su pueblo renovara su alianza con Dios. ¿Qué más podía pedir un líder de su calibre? Esa alianza dio testimonio de su maravillosa contribución como líder obediente de Dios: haber guiado a su pueblo por uno de los senderos más difíciles y excitantes de su historia y haberlo inspirado para escoger los caminos de Dios. Gracias a Josué y a su liderazgo paciente y ejemplar, el pueblo escogió al Señor como líder de su presente y de su futuro.

Josué murió a los 110 años de edad y fue enterrado en la tierra donde había nacido, en la región montañosa de Efraín. Tal fue el fin de la historia de un hombre que supo ser buen compañero, que ejerció paciencia y que confió plenamente en el amor y el poder de Dios para con su comunidad. Josué fue un vivo testimonio de auténtica preocupación por el bienestar material y espiritual de su comunidad y no descansó hasta asegurarse de que los suyos tuviesen bien en claro de dónde proviene la salvación. Ojalá su ejemplo pueda servirnos de inspiración en nuestro propio peregrinaje de fe.

Temas para reflexión y/o discusión

1. ¿Qué podemos aprender de la relación de liderato entre Moisés y Josué?

2. ¿Cree usted que los líderes nacen, o que se hacen? ¿Por qué?

3. ¿Qué similitudes puede apreciar entre el Israel de Josué y nuestras propias comunidades hispanas en el presente?

4. ¿Cómo actuaría Josué hoy si formara parte de una comunidad hispana en los Estados Unidos?

5. ¿Qué podemos aprender de la preocupación de Josué por la tierra prometida y su justa distribución?

Débora

Una líder temeraria

Lectura bíblica recomendada: Jueces 4, 5

Introducción

En medio de una cadena de relatos sobre el pecado del Israel, el nombramiento de un nuevo juez y la victoria sobre pueblos enemigos, encontramos la historia de Débora y sus hazañas. Aunque su gesta personal se entiende como parte de la historia de un pueblo cuya propia existencia podría resumirse con la palabra "lucha", de todos modos su liderato la coloca en un lugar preeminente en esa historia.

Traer la historia de Débora al presente requiere que la interpretemos desde su propio contexto histórico y social, dentro del cual el liderato de la mujer estaba extremadamente limitado. En una muy breve presentación en Jueces 4.4,5 se nos dice que Débora fue gobernante y juez de Israel, profetiza y "mujer de Lapidot."

Esta última pieza de información revela la tensión que pudo haber existido entre su identidad individual y su condición civil, ya que el matrimonio de hecho la supeditaba a un varón, haciéndola esposa de alguien. La Biblia sitúa estratégicamente a Débora entre dos importantes santuarios de Israel (Ramá y Betel), a los que los israelitas acostumbraban acudir para resolver sus pleitos. La referencia a "la palmera de Débora" debajo de la cual ésta se sentaba para bregar con los problemas de su comunidad, destaca simbólicamente el lugar tan notable de esta mujer en la memoria de Israel así como el alcance de su dedicación.

El nombre de Débora, cuya gesta abarca apenas dos capítulos de la Biblia, puede traducirse como "abeja" o "miel de abeja". Se trata de un nombre apropiado para una mujer que se consagró sin desmayo a los asuntos de Dios y de su pueblo. Débora fue una mujer poderosa y victoriosa, contrario a todas las convenciones culturales y sociales de su tiempo. Fue también una mujer singular porque desbordó el espacio privado y doméstico al cual se confinaba entonces a la mujer e ingresó —en virtud de su llamado y elección por parte de Dios— al espacio público de su comunidad como líder de la misma.

Contexto histórico y social

Desde el mismo inicio de su historia, Israel había presenciado y experimentado la soberana presencia de Dios en medio de los vaivenes de su vida colectiva. Desde los días de su esclavitud en Egipto, su peregrinaje por el desierto y sus batallas de conquista por la tierra que se le había prometido, Israel se había lanzado a la búsqueda de salvación y liberación, y eso implicaba una tierra donde cimentar su vocación nacional. En todo momento Israel había comprendido que su vida como nación estaba regida por un pacto único con Dios. Su historia sagrada, es decir, la historia de su relación con Dios, y su historia nacional, eran una sola historia. Para decirlo de otra manera: los sucesos que tenían que ver con su existencia social y política eran, en última instancia, asuntos de fe. El gran líder en las primeras etapas de la formación de este pueblo había sido Moisés, a quien Dios literalmente había rescatado de las aguas. Educado en el palacio del faraón egipcio que oprimía a los israelitas, un día Moisés fue llamado a servir a un Dios que se había detenido a escuchar la aflicción y el clamor de su gente en el cautiverio. A través de una vida de extraordinarias proezas y hazañas, Moisés se convirtió en auténtico libertador nacional. Después de su muerte, Dios levantó a Josué para continuar el liderazgo de su pueblo. Este caudillo logró, con la inspiración y el poder de Dios, consumar el proceso de conquista y posesión de la tierra prometida por Dios al pueblo de Israel. Finalizado el período de los grandes líderes y héroes nacionales como Moisés y Josué, el oficio socio-político que cobró mayor relevancia y autoridad fue el de los jueces, los cuales habían existido por mucho tiempo, como se infiere por la siguiente conversación entre Moisés y su suegro Jetro, sacerdote de Madián:

> *"A ellos, instrúyelos en las leyes y enseñanzas, y hazles saber cómo deben vivir y qué deben hacer. Por lo que a ti toca, escoge entre el pueblo hombres capaces, que tengan temor de Dios y que sean sinceros, hombres que no busquen ganancias mal habidas, y a unos dales autoridad sobre grupos de mil personas, a otros sobre grupos de cien, a otros sobre grupos de cincuenta y a otros sobre grupos de diez. Ellos dictarán sentencia entre el pueblo en todo momento; los problemas grandes te los traerán a ti, y los problemas pequeños los atenderán ellos. Así te quitarás ese peso de encima, y ellos te ayudarán a llevarlo. Si pones esto en práctica, y si Dios así te lo ordena, podrás resistir; la gente, por su parte, se irá feliz a su casa."*
>
> *Moisés le hizo caso a su suegro y puso en práctica todo lo que le había dicho: escogió a los hombres más capaces de Israel.*   Éxodo 18.20-25a

En la primera etapa de su formación nacional, tras la conquista y posesión de Canaán, Israel tuvo que luchar continuamente para evitar que otros reinos le arrebataran la tierra y quebrantaran su frágil soberanía nacional. No era tarea fácil de llevar a cabo, pues al este del Jordán se hallaban los amoneos, en la región norte de Palestina existía una aguerrida confederación de cananeos, al oeste permanecía latente la amenaza filistea y los moabitas ponían presión desde el sudeste. Tampoco se podía esperar mucho de varios grupos nómadas que se desplazaban por el sur y el este. Por otra parte, cada vez se hacía más difícil encontrar un sucesor de la talla de Josué, que pudiera además gobernar a las tribus de Israel como un cuerpo unificado. No debe sorprendernos que Israel procurara ansiosamente la unidad y la paz entre sus propias tribus, tarea que requería líderes tan sabios como temerarios.

A los tres primeros líderes que surgieron después de Josué se les conoció como jueces, pero no porque intervinieran en cuestiones jurídicas sino por su liderato fundamentalmente militar en momentos muy críticos para Israel, cuando éste debió pagar con esclavitud por sus transgresiones. El término "jueces", del hebreo *shofetim*, quiere decir guía, dirección y gobierno, aunque los jueces de este período fueron mayormente héroes nacionales. Así, por ejemplo, Otoniel, quien liberó a Israel tras ocho años de cautividad a manos de un rey mesopotámico, Ehud, quien los rescató de los moabitas, y Samgar, de los filisteos (3.7-31). La era de los jueces se caracterizó por constantes crisis, poderosas coaliciones políticas y formidables campañas militares y diplomáticas tanto en períodos de guerra como de paz.

Israel era entonces una nación con un sistema de gobierno teocrático, es decir, regida y gobernada directamente por Dios. A diferencia de sus enemigos vecinos, que tenían sus propios reyes y príncipes, Israel sólo contaba con Dios como su rey soberano. Los jueces o líderes nacionales, como debemos entenderlos, desempeñaron responsabilidades bien específicas que Dios les había asignado a varios niveles de la organización social de la comunidad: la familia, el clan y la tribu. Todos ellos se desempeñaron como líderes de Israel por encargo de su Dios soberano. Los jueces no procedían de ninguna clase social privilegiada ni de una comunidad especialmente consagrada para esa tarea, como los levitas y los sacerdotes. Eran simples ciudadanos que mostraron un compromiso especial por servir al pueblo como instrumentos de la justicia de Dios y que poseían, obviamente, una buena cantidad de dones y destrezas para esa tarea. Éxodo 18 dice que los jueces nombrados por Moisés resolvían las disputas y los pleitos del pueblo y que lideraban las comunidades que se les asignaba. En resumen, a esos jueces se les encomendó la responsabilidad de preservar la paz de sus respectivas comunidades y fomentar las mejores relaciones humanas de que fuesen capaces.

Desde el punto de vista teológico y ético de los cronistas bíblicos, la vida religiosa de Israel había fluctuado constantemente entre la fidelidad y la infidelidad. En ocasiones, Israel había obedecido a Dios, pero otras veces se había olvidado de su pacto con él y, en consecuencia, había sucumbido a los principios religiosos y a los criterios morales de sus vecinos. Dios se había enfadado por ello. Las campañas militares de Otoniel, Ehud y Simgar, respectivamente, representaron momentos de perdón y restauración nacional tras años de castigo por la desobediencia de Israel, como ya hemos mencionado. Si hay algo que podemos apreciar claramente durante la era de los jueces, es la manera en que Dios siguió manifestándose entre los suyos como un Dios de gracia que juzga y que perdona. En este sentido, el libro de Jueces continúa el tema de los libros de Deuteronomio y Josué, en los que Dios se revela como un Dios que ama incansablemente a su pueblo, que hace válidas sus promesas en la historia, y que tan sólo requiere fe y obediencia de parte del mismo. En todos estos documentos bíblicos, una y otra vez se proclama que si Israel no obedece, las consecuencias serán trágicas. Por otro lado, si obedece y clama por la ayuda de Dios, éste vendrá en su auxilio y lo liberará de la opresión (vea, por ejemplo, Deuteronomio 28).

El llamado de Débora

Debido a sus continuas infidelidades y apostasías, en varias ocasiones Dios entregó al pueblo de Israel en manos de enemigos. Después de la muerte de Ehud, los israelitas "volvieron a hacer lo malo", y en esa ocasión Dios los entregó en poder de los cananeos (4.1a). Desde esa precaria situación de opresión y pérdida de poder, Israel clamó nuevamente a Dios, desgarrado por el dolor y la vergüenza, y Dios escuchó el clamor de su pueblo. Pero esta vez su liberación tuvo mucho que ver con la iniciativa de una mujer, Débora, cuya sabiduría y temeridad la pusieron en una situación de liderazgo que quizás jamás había figurado en sus planes ni en sus sueños.

En esta *shofet*, llamada Débora, el pueblo de Israel reconoció al líder que Dios había escogido para liberarlos de sus enemigos y restaurar su soberanía nacional. Débora fue parte y protagonista de las circunstancias sociales y políticas más turbulentas y difíciles de ese período de la historia de Israel. Aunque muchas de esas circunstancias no parecieran "religiosas" a primera vista, de todos modos su liderato se atribuyó a la elección divina. Es por esa razón que su liderato comunicó un mensaje espiritual tan importante como decisivo y sus hazañas dieron testimonio de fe y valor en medio del temor, la duda y la impotencia colectiva ante enemigos formidables. Tal es el contexto dentro del cual transcurre la historia y la misión de Débora. Se trata, además, de un mundo dominado por hombres; repleto de tensiones y crisis, alternando constantemente entre breves períodos de paz y de guerra así como de fidelidad e infidelidad a Dios. Con toda seguridad, la intención de los cronistas bíblicos fue mostrarnos ese mundo tal como ellos lo veían: abrumado por tanta opresión, violencia y dolor, y al mismo tiempo sediento de la promesa de *shalom* que sólo un Dios de esperanza puede hacer posible, como atestigua Jueces 2.16: "El Señor también hizo surgir caudillos que los libraran de quienes los despojaban."

La historia de Débora fue y sigue siendo tan singular como significativa, porque es la historia de una mujer que se convirtió en líder de su comunidad en tiempos en que eso era impensable. Los líderes entonces eran sólo varones. Las narrativas del Antiguo Testamento reflejan sociedades patriarcales dentro de las cuales la autoridad derivaba estrictamente de la condición de varón y padre, y del poder que dicha condición implicaba. Esas sociedades centraban su vida, esfuerzos y aspiraciones en la posibilidad de que los varones subyugaran, dominaran y controlaran, de allí que tareas y oficios como la guerra, el gobierno y la administración del culto fuesen desempeñados predominantemente por varones. También es estrictamente masculino el lenguaje del Antiguo Testamento para describir a Dios, y la mayoría de las imágenes de Dios se inspiran en el modelo del guerrero temerario, siempre listo para salir al combate a defender a los suyos. El hecho de que el libro de Jueces destaque el liderato de Débora habla de la alta estima en que se le tuvo en Israel. Débora estaba tan dotada del poder y los dones de Dios, que fue escogida para ayudar a cimentar las conquistas de su comunidad. A diferencia de otros, Débora no dijo que no. Lideró a Israel en medio de una situación de ambigüedad religiosa y moral generalizada durante una generación que, a diferencia de la anterior, desconocía los actos salvadores del Señor, como se señala en Jueces 2.10, donde el cronista lamenta con nostalgia: "Murieron también todos los israelitas de la época de Josué. Y así, los que nacieron después no sabían nada del Señor ni de sus hechos en favor de Israel."

A pesar del lugar que se le da a Débora en el libro de los Jueces, el resto de las Escrituras dicen muy poco acerca de ella, lo cual seguramente explica el hecho de que haya sido un personaje poco destacado en los estudios bíblicos, por lo menos hasta hace unas pocas décadas. El reciente "descubrimiento" y rescate del lugar y significado de Débora en la historia bíblica de la salvación ha recaído principalmente en manos de mujeres teólogas y biblistas. En este ensayo nos proponemos explorar la manera de entender a Débora como modelo de líder para la iglesia de hoy.

Una líder excepcional
El capítulo 4 del libro de los Jueces la presenta como una mujer de gran sabiduría y capacidad de discernimiento, como una *shofet* totalmente convencida de que Dios es justo y que, en consecuencia, la comunidad debe obrar en justicia. El pueblo pronto reconoció su autoridad y su visión y comparecía ante ella con sus quejas, sus diferencias y conflictos. También esperaba que Débora juzgara con sabiduría (4.5). Pero el libro de Jueces agrega que Débora también fue profetiza, lo cual añadió autoridad y reconocimiento a su condición de juez. Sus palabras y juicios debieron poseer suficiente autoridad y credibilidad como para que el pueblo viese en ella un vocero de Dios. Sin duda alguna, Débora tuvo que haberles comunicado, una y otra vez, que su obediencia garantizaría su libertad y soberanía, mientras que su desobediencia habría de provocar el castigo divino. Como profetiza, Débora debió haber sido capaz de escuchar correctamente el mensaje divino y de compartirlo públicamente de una manera persuasiva e inspiradora para que la comunidad lo pusiera en práctica.

En su breve presentación de Débora, Jueces no dice nada sobre su capacidad militar, pero todo indica que esta fue suficientemente práctica, sabia y temeraria como para aceptar un nuevo reto en su vida. Una mujer que había estado al frente de la administración y el gobierno de su comunidad quizás por muchos años, no podía huir ni esconderse del peligro inminente. No Débora, en todo caso. El pasaje que sigue nos ayuda a comprender las circunstancias que llevaron a este juez, profetiza, gobernante y esposa a convertirse en líder militar:

> *Después de la muerte de Ehud, los israelitas volvieron a hacer lo malo a los ojos del Señor, así que el Señor los entregó al poder de Jabín, un rey cananeo que gobernaba en la ciudad de Hazor. El jefe de su ejército se llamaba Sísara, y vivía en Haróset-goím. Jabín tenía novecientos carros de hierro, y durante veinte años había oprimido cruelmente a los israelitas, hasta que por fin estos le suplicaron al Señor que los ayudara.*
>
> *En aquel tiempo juzgaba a Israel una profetiza llamada Débora, esposa de Lapidot. Débora acostumbraba sentarse bajo una palmera (conocida como "la palmera de Débora"), que había en los montes de Efraín, entre Ramá y Betel, y los israelitas acudían a ella para resolver sus pleitos.*
>
> *Un día, Débora mandó llamar a un hombre llamado Barac, hijo de Abinóam, que vivía en Quedes, un pueblo de la tribu de Neftalí, y le dijo:*
>
> *—El Señor, el Dios de Israel, te ordena lo siguiente: "Ve al monte Tabor, y reúne allí a diez mil hombres de las tribus de Neftalí y Zabulón. Yo voy a hacer que Sísara, jefe del ejército de Jabín, venga al arroyo de Quisón para atacarte con sus carros y su ejército. Pero yo voy a entregarlos en tus manos."*
>
> *—Solo iré si tú vienes conmigo —contestó Barac—. Pero si tú no vienes, yo no iré.*
>
> *—Pues iré contigo —respondió Débora—. Solo que la gloria de esta campaña que vas a emprender no será para ti, porque el Señor entregará a Sísara en manos de una mujer.*
>
> Jueces 4.1-9

Nótese donde se dice que Débora "mandó llamar" a Barac. A pesar de que este había sido designado por Dios como comandante del ejército israelita, ¡Débora tuvo que recordarle sus obligaciones! Si Débora no hubiese tenido autoridad para hacerlo, de ninguna manera se habría atrevido a enfrentar al líder militar. Barac sabía muy bien qué se esperaba de él; sin embargo, su respuesta a Débora denuncia su incredulidad y temor: "Solo iré si tú vienes conmigo.... Pero si tú no vienes, yo no iré" (4.8). Débora debe haber quedado atónita. ¿Cómo podía hablar así el comandante supremo? ¿No confiaba Barac en lo que Dios le había prometido, concretamente, que la victoria sería suya? Aquí la frase clave es: "voy a entregarlos en tus manos", una expresión clásica del libro de Jueces (vea 3.10, 28). Todos esperaban que Barac se lanzara de inmediato a la batalla, pero no ocurrió así, y el pueblo comenzó a dudar... ¿Dónde estaba su Dios? ¿Qué podían hacer sin su intervención personal contra enemigos tan poderosos? ¿Qué podía esperar el pueblo si su propio comandante tenía miedo a luchar?

A diferencia de Barac, Débora actuó en respuesta a su fe en la promesa y el propósito de Dios. Tomó el desafío por las riendas: encaró a Barac, le exigió una respuesta, lo motivó para la lucha y se unió a sus tropas. Su respuesta en medio de la crisis también puso de manifiesto no sólo su temeridad sino también su condición de líder, pues un auténtico líder siempre da un paso al frente cuando los demás sólo piensan en retroceder. La contestación de Barac habla de su propia debilidad y, en cierto sentido, cobardía, algo que ha preocupado a los lectores de ayer y de hoy. Su postura podría verse, simbólicamente, como una ilustración bien clara de la lucha constante que los creyentes y sus comunidades de fe experimentan en momentos de crisis. ¿Cómo respondemos nosotros hoy, como líderes y como pueblo, ante las grandes crisis y retos de la vida? ¿Cómo lo hizo Barac? ¿Cómo lo hizo Débora? Barac probablemente se desmoralizó cuando tomó conciencia del reto fenomenal que representaban los novecientos carros de guerra del capitán enemigo, Sísara. Pero, ¿no le había prometido Dios que él mismo le entregaría a Sísara y a sus ejércitos en el arroyo de Quisón? Barac no supo asimilar la promesa de Dios, como lo evidencia su vacilación en vísperas de la batalla, cuando le confiesa abiertamente a Débora: "Solo iré si tú vienes conmigo." Aquí hay que tomar en cuenta el contraste entre la figura vacilante de Barac y la figura dominante y cautivante de una líder como Débora. La respuesta de Barac no lo define en el escenario bíblico necesariamente como un cobarde sino como alguien débil que de pronto necesita ayuda de otros para aprender a confiar en la promesa de Dios y poner manos a la obra. Inmediatamente Débora le contesta: "Pues iré contigo. Solo que la gloria de esta campaña que vas a emprender no será para ti, porque el Señor entregará a Sísara en manos de una mujer." Débora reconoció el temor y la inseguridad de Barac, por lo cual decidió acompañarlo al campo de batalla, pero antes le advirtió que sus respectivos roles ya no serían los que se habían anticipado, pues Dios ahora entregaría al ejército enemigo en "manos de una mujer."

En esta historia, es una mujer quien escucha el llamado de Dios y quien convoca a los hombres israelitas al combate. En esta historia, no es el guerrero profesional sino una mujer quien finalmente se alza con la victoria y la gloria. Lo importante para Débora es que va a participar en la batalla, acompañando a su ejército. Débora ya no está más sentada bajo una palmera, sino que ahora pelea activamente en defensa de su propio pueblo. Es tiempo de "manos a la obra" y Débora no mira hacia atrás, sino que asciende con las tropas de Barac al Monte Tabor, donde dan el grito de batalla. El comandante cananeo respondió con novecientos carros de hierro listos a destrozar a sus enemigos. Sus fuerzas eran formidables, pero Dios iba a combatir junto a las tropas de Israel. Esa fue la diferencia. El ejército de Sísara pereció a filo de espada; ningún soldado sobrevivió. A Sísara no le quedó otra alternativa que huir y esconderse en la tienda de un quenita llamado Heber. (4.12-17) Los quenitas tenían fama de ser excelentes herreros y es probable que los carros de guerra de Sísara, así como sus vituallas de hierro, representaran para Heber una muy buena fuente de trabajo. La mujer de Heber le ofreció a Sísara hospitalidad. Sísara se echó a dormir, confiando que Jael habría de ocultarlo cuando pasasen por allí los soldados de Barac. Pero a Jael le preocupaba su propia seguridad y la de su familia; no podía arriesgarse a sufrir represalias por parte del ejército de Barac. Por otra parte, su esposo ya no podría hacer más negocios con el enemigo. Para Jael era muy importante leer los signos de los tiempos. Al darse cuenta de que Sísara estaba irremediablemente perdido y de que muy posiblemente los israelitas estaban siguiendo sus huellas para apresarlo, Jael optó por la seguridad de su hogar y se alió a los victoriosos israelitas. Mientras Sísara dormía en su tienda, Jael le clavó una estaca en la sien con la ayuda de una herramienta para martillar. Cuando llegó Barac, Jael le mostró el cuerpo inerte del comandante enemigo. Lo que Dios había anticipado por voz de Débora, ahora acababa de cumplirse: la muerte de Sísara a manos de una mujer (4.17-22). El episodio concluye de la siguiente manera: "Así humilló el Señor aquel día a Jabín, el rey Cananeo, delante de los israelitas. Y desde entonces los israelitas trataron a Jabín cada vez con mayor dureza, hasta que lo destruyeron" (4.23,24). La acción de Jael logró aplacar cualquier posible represalia contra ella y su familia por parte de los israelitas; pero además le significó encomios y alabanzas, como puede verse por el cántico de Débora más adelante:

> *"¡Bendita sea entre las mujeres Jael,*
> *la esposa de Heber el quenita!*
> *¡Bendita sea entre las mujeres del campamento!*
> *Agua pidió Sísara; leche le dio Jael.*
> *¡Crema le dio en un tazón especial!*
> *Mientras tanto, tomó la estaca con la izquierda*
> *y el mazo de trabajo con la derecha,*
> *y dando a Sísara un golpe en la cabeza*
> *le rompió y atravesó las sienes."*
> Jueces 5.24-26

Las palabras de Dios, comunicadas a través de su sierva Débora, no habían sido en vano ni habían caído en tierra árida, y una vez más el Señor se alzó como "poderoso gigante" para darle a los israelitas el control de la tierra. Como lo documenta la historia bíblica, parte de la misión de Débora consistió en advertirle a Barac y al pueblo de Israel que a Dios le disgustaba muchísimo su falta de fe y valor. Débora no sólo emitió la voz de alerta sino que también participó en la batalla junto a los hombres de Israel, dando así ejemplo de solidaridad con los suyos. De todo esto podemos aprender que un auténtico líder acompaña a su comunidad en los momentos de victoria como en los de crisis. Débora supo comportarse solidariamente, como lo ilustra su dedicación incondicional al pueblo que tanto amó en momentos de dificultades inimaginables.

En el capítulo 5 encontramos el cántico triunfal de Débora y Barac. Escrito en estilo poético, con un lenguaje muy intenso e inspirador, el cántico celebra las hazañas de Débora contra sus enemigos. Veamos, por ejemplo, la siguiente alabanza a Dios:

"Alaben todos al Señor,
porque aún hay en Israel
hombres dispuestos a pelear;
porque aún hay entre el pueblo
hombres que responden al llamado de la guerra.
¡Escúchenme, ustedes los reyes!
¡Óiganme, ustedes los gobernantes!
¡Voy a cantarle al Señor!,
¡voy a cantar al Dios de Israel!

"Cuando tú, Señor, saliste de Seír;
cuando te fuiste de los campos de Edom,
tembló la tierra, se estremeció el cielo,
las nubes derramaron su lluvia.
Delante de ti, Señor,
delante de ti, Dios de Israel,
temblaron los montes, tembló el Sinaí.
En los tiempos de Samgar, hijo de Anat,
y en los tiempos de Jael,
los viajeros abandonaron los caminos
y anduvieron por senderos escabrosos;
las aldeas de Israel
quedaron del todo abandonadas.
Fue entonces cuando yo me levanté,
¡yo, Débora, una madre de Israel!

"No faltó quien se escogiera nuevos dioses
mientras se luchaba a las puertas de la ciudad,
pero no se veía un escudo ni una lanza
entre cuarenta mil israelitas.

"¡Yo doy mi corazón
por los altos jefes de Israel,
por la gente de mi pueblo
que respondió al llamado de la guerra!
¡Alaben todos al Señor!"
Jueces 5.2-9

Este fragmento abre y cierra con una alabanza al Señor en reconocimiento de aquellas tribus que se pusieron a disposición de Débora para combatir al enemigo. Esta alabanza (¡Alaben todos al Señor!) al principio y al final del segmento poético, enmarca de manera distintiva los momentos claves y los personajes protagónicos de esta historia, como Samgar, el juez que precedió a Débora, y Jael, la mujer que le asestó el golpe mortal al comandante Sísara. En estos versos tan intensos se escucha de labios de la misma Débora su clamor ante la decadencia y la infidelidad de Israel, que ha escogido senderos torcidos, hasta el día en que ella se levanta como "madre" de su nación (5.7).

Los versículos del 10 al 12 recuerdan sus poderosas palabras a un vacilante Barral que tanta seguridad le dieron al comandante israelita. Los versículos 13-15a y 18 elogian a las tribus de Israel que, respondiendo al llamado de Débora, participaron en la campaña contra Sísara, mientras que los versículos 15b-17 reprochan a aquellas que fueron indiferentes. A partir del versículo 24 encontramos una bendición sobre Jael y el relato de la muerte de Sísara, segmento que ya hemos citado. El último versículo es una expresión de deseo, algo así como una súplica a Dios:

"¡Que así sean destruidos, Señor,
todos tus enemigos,
y que brillen los que te aman,
como el sol en todo su esplendor!"
Jueces 5.31

El tema central del cántico afirma que aquellos que aman a Dios, como lo hizo Débora, están en condiciones de enfrentar con éxito los más grandes obstáculos jamás imaginados.

Conclusión

Ya nadie puede negar el lugar destacado que Débora ocupa en la historia de Israel así como en la historia de la salvación. Su mayor contribución consistió en trascender su propio ámbito privado y personal para servir a Dios en el ámbito público. Su contribución no sólo consistió en mediar en los conflictos cotidianos de su comunidad y en promover un espíritu de compañerismo y solidaridad, sin el cual es prácticamente imposible vivir en armonía, sino también liderar a Israel contra los ejércitos enemigos. El ejemplo de Débora nos invita, a las mujeres y a los hombres por igual, a encontrar nuestro lugar y articular nuestra propia voz dondequiera que sea necesario actuar; a reevaluar nuestras propias experiencias de Dios y de la vida y a recordarnos una y otra vez que todos somos merecedores de un lugar de importancia en los propósitos divinos.

Este ejemplo de liderazgo nos estimula, como líderes, a confiar en que Dios siempre nos acompaña en medio de las circunstancias de nuestras vidas. Nos anima, además, a utilizar nuestros dones y capacidades personales de la mejor manera posible y a consagrarnos valientemente a aquellas tareas y vocación a las que hemos sido llamados por Dios. El liderato de Débora ejemplifica algo esencial en todo liderato: que los líderes debemos luchar por nuestro pueblo sin perder nuestra conexión con el mismo. Finalmente, en Débora aprendemos la importancia de trabajar en equipo así como la necesidad de reconocer los dones y destrezas específicos que cada uno de nosotros puede, y de hecho debe, contribuir a la empresa que Dios nos ha encargado.

Permitamos que Débora, cuya fe, visión y compromiso con su pueblo le permitieron trascender barreras que ninguna otra mujer hasta entonces había podido trascender, nos inspire y ayude en nuestra propia realización como siervos de Dios. Que de la misma manera como Débora experimentó la victoria y la paz junto a su comunidad, así también nosotros podamos experimentar y disfrutar la victoria y la paz de Dios en solidaridad junto a la nuestra.

Temas para reflexión y/o discusión

1. ¿Qué papel jugaron los jueces, y Débora en particular, en Israel?

2. ¿Cree que el modelo social de patriarcado sigue vigente hoy?

3. ¿Cómo puede ayudarnos Débora a revalorar el liderato de la mujer hoy?

4. ¿Qué lecciones del liderato de Débora podemos aprovechar?

5. ¿Cómo podemos cultivar un liderato de mediación y reconciliación?

Noemí

Una líder para una realidad nueva

Lectura bíblica recomendada: Rut

Introducción

El relato que encontramos en las páginas del libro de Rut, es considerado como una joya literaria. Si leemos este relato usando los criterios con los que leemos una novela literaria, por ejemplo, encontramos en sus páginas los elementos principales de una novela. Algunos de estos elementos son los siguientes: la trama es extensa y compleja; los personajes principales son caracteres que evolucionan a medida que la trama avanza. Alrededor de la trama central se desarrollan otros asuntos de menor importancia pero que guardan relación con la trama principal y aumentan el interés hacia la misma. El relato avanza paulatinamente en intensidad hasta llegar al clímax. Hay solución de conflictos y un desenlace. Desde esta perspectiva, es fácil entender por qué esta historia atrae a todo tipo de lectores y por qué cautiva a quienes la leen. Desde el punto de vista literario el libro de Rut es una obra de arte.

El relato atrae a sus lectores, sobretodo, por el testimonio de fe que se descubre en las vidas de los personajes que llenan las páginas de este libro. Al centro del relato: dos mujeres que unidas por lazos familiares atraviesan por una historia de crisis personales, luchas, determinación y fe. Y como si sus vivencias no fuesen lo suficientemente impactantes, a ellas se añade el hecho trascendental de que de ellas proviene una de las descendencias más importantes de la historia del pueblo israelita: la dinastía de David. Más tarde, los escritores del Nuevo Testamento proclamarían que de esta línea genealógica provino Jesús.

El testimonio de estas mujeres, especialmente de Noemí y Rut, como del resto de los personajes de la historia se entrelazan en un solo relato para revelar el mayor testimonio de todos: que el Dios de Israel, cuya actividad parece esconderse en las páginas de esta historia, insiste en mantener su fidelidad para con sus hijas y todo su pueblo.

El personaje de Noemí, unido en esta historia al de su nuera Rut, sobresale en este relato por la fuerza de su voluntad y determinación. Sin menospreciar la relevancia de Rut, este estudio propone a Noemí como el personaje principal acerca del cual giran todos los acontecimientos. Su evolución como personaje y las características que exhibe como líder de una jornada de fe sirve de aporte a nuestra comunidad en su propia evolución espiritual. En este estudio examinaremos algunas de las implicaciones para nuestro contexto.

La siguiente es la estructura literaria que sugerimos para nuestro estudio del texto bíblico:

> *Nota del narrador: Antecedentes del relato. (1.1-5)*
> Primer acto: Regreso a Belén.
>> Primera escena: Noemí, Orfa y Rut: Noemí se despide de sus nueras en el camino hacia Belén. (1.6-19)
>> Segunda escena: Noemí es recibida por el pueblo de Belén. (1.19b-21)

Nota del narrador: Comienzo de la cosecha de cebada. (1.22)
Tercera escena: Rut en los campos de Booz. (2.2-23)

Segundo acto: En busca de redención legal.
Primera escena: Noemí instruye a Rut. (3.1-5)
Segunda escena: Rut se asegura de que Booz la redima. (3.16-18)
Tercera escena: Booz, el otro pariente y los ancianos: Se formaliza el contrato legal de Booz como el redentor. (4.1-12)

Nota del narrador: La boda de Rut y Booz y el nacimiento de un hijo. (4.13)
Tercer Acto: Redención de Noemí.
Primera Escena: Noemí y las mujeres del pueblo. (4.14-17)
Nota del narrador: La genealogía de David. (4.18-22)

Antecedentes sobre Noemí y su familia

La historia comienza con una referencia del narrador a los antecedentes y las circunstancias que provocaron la emigración de la familia de Elimélec y Noemí, desde Judea hacia la tierra de Moab. Una hambruna en la tierra de Israel llevó a esta pareja y sus dos hijos a los campos del cercano territorio de Moab. En esta nueva tierra se establecieron y se amplió la familia con el matrimonio de los dos hijos con mujeres moabitas (1.1,2).

Lo primero que se nos da a conocer al inicio de la trama es que luego de diez años de una vida segura, Noemí y sus nueras Rut y Orfa se han quedado sin maridos, sin hijos, y en el caso de Noemí en particular, por su edad avanzada, sin posibilidades de volver a procrear. En otras palabras, las estructuras sociales y económicas que protegen y garantizan el bienestar de estas mujeres, se han venido abajo. En esta tierra de Moab, en donde Noemí es extranjera, no hay nadie que pueda hacerse cargo de ellas y de proveerles de representación económica y social. Según el relato, "Noemí se encontró desamparada, sin hijos y sin marido" (1.5b).

Regreso a Belén

La trama comienza a adelantarse cuando Noemí decide regresar a su tierra natal, Belén de Judá, tierra de donde salió escapando de una hambruna y en busca de una mejor vida, pero en donde ahora, ha escuchado, hay abundancia de alimentos (1.6). Sale pues, en compañía de sus dos nueras, dispuesta a regresar a la tierra de Judá (1.7). Lo que parece ser un viaje en pleno progreso es súbitamente interrumpido por la insistencia de Noemí de que sus nueras regresen a sus casas. Pero estas insisten en acompañarla. En verdad, ninguna tiene de qué asirse. Un camino difícil les espera a las tres. La respuesta de las nueras a Noemí provoca en ella sentimientos que se expresan en toda una letanía de amargura. Su situación es demasiado agobiante. Aun la idea de un matrimonio por levirato lo contempla como una imposibilidad. La siguiente es una traducción libre de la queja de Noemí:

> *"¿Para qué venir conmigo? ¿Qué les puedo ofrecer yo?*
> *"Ya estoy demasiado vieja. Aun si ofreciera alguna esperanza de procreación, ya no vale la pena esperar. Mayor que la de ustedes es mi amargura. ¡Dios me está castigando!"*

Las dramáticas palabras de Noemí conmueven a Orfá y a Rut y las lleva a tomar una decisión. Orfá decide regresar a la casa de su madre, lo que hace luego de despedirse con un beso. Sin lugar a dudas el suyo es un peregrinar inseguro. Algunos han pensado que su decisión fue la más valiente de todas: regresar a su tierra como la viuda de un extranjero. Según palabras de Noemí, ella ha regresado a su pueblo y a sus dioses. De aquí en adelante Orfá desaparece como personaje.

Sobre Rut nos enteramos de que ha decidido permanecer junto a Noemí. No hay palabras de Noemí que le hagan desistir de su intento. El destino de Noemí será el suyo. Un juramento de su parte sella el compromiso de Rut hacia Noemí:

> *Rut le contestó:*
> *—¡No me pidas que te deje y que me separe de ti! Iré a donde tú vayas, y viviré donde tú vivas. Tu pueblo será mi pueblo, y tu Dios será mi Dios. Moriré donde tú mueras, y allí quiero ser enterrada. ¡Que el Señor me castigue con toda rudeza si me separo de ti, a menos que sea por la muerte!*
> Rut 1.16,17

Sin más insistencia de parte de Noemí, ella y Rut siguieron su camino hacia Belén. La naturaleza de este viaje la ignoramos, porque el texto no sugiere comentario alguno. La aparente ausencia de conflictos en el viaje sugiere que Israel y Moab, enemigos desde tiempos históricos, probablemente están en un plano de familiaridad en esta época. El texto sólo nos indica de su llegada a Belén.

Al momento en que las dos mujeres llegan a Belén, la ciudad se alborota. Las mujeres reconocen de inmediato la figura de aquella que diez años atrás había partido. Un coro de mujeres la recibe y la llama por su nombre: "¿No es esta Noemí?", se preguntan entre sí. ¡Noemí! ¡Noemí!, que traducido significa: ¡Dulzura! Pero Noemí rechaza lo que su nombre representa y habla amargamente sobre su experiencia. Leamos el texto:

> *Cuando entraron en Belén, hubo un gran revuelo en todo el pueblo. Las mujeres decían:*
> *—¿No es esta Noemí?*
> *Pero ella les respondía:*
> *—Ya no me llamen Noemí; llámenme Mará, porque el Dios todopoderoso me ha llenado de amargura. Salí de aquí con las manos llenas, y ahora las traigo vacías porque así lo ha querido el Señor. ¿Por qué me llaman Noemí, si el Señor todopoderoso me ha condenado y afligido?*   Rut 1.19b-21

Noemí insiste en proclamar su amargura. "Salí de aquí con las manos llenas, y ahora las traigo vacías…" (21a) Inmersa en su tragedia, ella ha perdido la perspectiva cualitativa de su vida. Se ve a sí misma como una mujer desposeída. No hay reconocimiento de la presencia de Rut junto a ella. Al ignorarla, Noemí falla en reconocer en este momento la provisión de Dios para su vida.

En busca de redención legal

El relato continúa con una cadena de acontecimientos, esta vez iniciados por Rut. Ella ha decidido con la aprobación de Noemí, ir a los campos de cebada a recoger las espigas que quedan tras el paso de los segadores, para el sustento de ella y de su suegra. Mientras está en los campos, Rut llama la atención del dueño de estos, Booz, un pariente rico de quien fuera su suegro Elimélec y de quien hasta el momento nada sabíamos. Al reconocer la presencia de Rut en sus campos, este pregunta sobre ella y se entera de su identidad. Él conoce la historia que la une a Noemí y sabe de su fidelidad hacia ella. El encuentro provoca un intercambio de bendiciones y agradecimiento que culmina en la invitación de Booz a Rut a comer en la compañía de sus segadores. Booz también le facilita el acceso a recoger las espigas y a trabajar cómodamente. Desde ese momento, con su laboriosidad y astucia, ella encuentra sustento para ella y para su suegra Noemí en los campos de Booz (2.13-16).

En los ojos de Noemí, ahora Rut se ha convertido en su fuente de vida, y las que en otro tiempo fueron palabras de amargura pronunciadas contra Dios, ahora se transforman en palabras de bendición para los que la rodean: "¡Que el Señor lo bendiga!" dice Noemí, en referencia a Booz, "Él ha sido bondadoso con nosotras ahora, como antes lo fue con los que ya han muerto." (2.20a)

Noemí comienza a pensar en el futuro, y en su seguridad y la de Rut. La posibilidad de ser redimidas por este pariente es ahora una propuesta factible. Ahora Noemí vuelve su interés y su cuidado hacia Rut y le da consejos. A partir de este momento el relato se convierte en uno de intriga y suspenso. Noemí y Rut, como protagonistas de una novela de suspenso y misterio, artísticamente preparan el camino para su redención social.

Con la ayuda de Noemí, Rut aprende sobre las prácticas matrimoniales en la tierra de Judá y se lanza a la aventura de buscar un esposo que la redima legalmente a través del matrimonio. En esta época la redención de una mujer que había quedado viuda y sin hijos era a través de la práctica del levirato. Según esta costumbre la mujer se casaba con el hermano de más edad del marido muerto, o con el pariente más cercano, para procrear y asegurar que el nombre de la familia permaneciera (4.10). Al pariente que le correspondía casarse con la viuda se le conocía como redentor. Como ya sabemos, en nuestro relato no hay otros hijos de Noemí con quien Rut pueda casarse. Pero en ausencia de estos el pariente más cercano en el grupo familiar representa una posibilidad. Noemí sugiere a Rut que en Booz está la posibilidad de conseguir un hogar (3.1).

Desafiando las convenciones sociales que regulaban el protocolo del contrato matrimonial y sin hacer pública su intención, Rut, aconsejada por Noemí, va secretamente durante la noche al lugar en donde duerme Booz. En tiempo de la cosecha este dormía cerca de donde se acumulaba el grano para ser aventado. Siguiendo el consejo de Noemí, Rut espera que Booz haya comido y se haya acostado. Se acerca sigilosamente a donde este duerme; le destapa los pies y se acuesta junto a él. La frase hebrea que se traduce por "destapar los pies" muy bien puede ser un eufemismo para referirse a un acto de naturaleza sexual (compare Jueces 3.24).

Según el relato, durante la noche Booz descubre a Rut junto a él, aunque al principio no la reconoce. Rut se identifica e inmediatamente le pide que la cubra con su manto. Mediante esta acción, de contenido simbólico, Rut busca asegurar su derecho de ser redimida por Booz. Esta petición trae resonancias de una acción similar realizada por Tamar, la nuera de Judá, cuando procuraba también su redención legal (vea Génesis 38.13,14). Booz alaba a Rut por haberlo escogido a él y no a un hombre más joven, y le asegura que le concederá lo que ha buscado. Seguido al encuentro nocturno entre Rut y Booz este le revela que él no es el pariente más cercano de Rut con el derecho de redimirla, pero prometió buscar a ese pariente. Prometió además que él mismo la redimiría, si el otro pariente renunciaba a su derecho. No sabemos exactamente cuál era el parentesco de Booz y del otro pariente con respecto a Elimélec.

A la mañana siguiente, la preocupación que Booz exhibe por proteger la reputación de Rut confirma que la visita de Rut a su aposento durante la noche es un acontecimiento fuera de las costumbres aceptadas de aquel tiempo. Es importante que apreciemos el valor de Rut al iniciar estos actos y llevarlos hasta sus últimas consecuencias. Sobre ella solamente caería el estigma y el repudio de la gente si Booz la hubiese rechazado y acusado delante del pueblo. En cambio Booz la bendice, le da confianza y afirma de ella su virtud. Booz despide a Rut muy de mañana, antes de que aclare el día y la puedan reconocer. La envía de vuelta a Noemí con una provisión de alimento. Pero sobretodo Rut regresa a Noemí con la promesa de redención.

Está claro que Booz hace suya la responsabilidad de cumplir su palabra a Rut de que ella sería redimida. Él se sienta a la puerta de entrada de la ciudad en donde usualmente se le encontraban soluciones a las disputas legales y otros negocios. Allí en presencia de los ancianos o líderes del pueblo él se reúne con el pariente más cercano a Noemí y lo entera de la situación. Aquí nos enteramos de que la redención de Rut se da a través de una práctica parecida al levirato, pero no igual. Fungir como el redentor en este caso en particular implicaba dos aspectos: la compra de un terreno perteneciente a Elimélec que Noemí tenía a la venta, y el matrimonio con Rut. Lo primero no puede hacerse sin lo último. En este caso el pariente más cercano renuncia a casarse con Rut, dando autorización oficial a Booz de que éste ejerza como redentor o rescatador.

Al final del relato, en una estampa que ilustra las costumbres de la época, el pariente hace la entrega de un calzado a Booz como afirmación de la renuncia al derecho de propiedad del terreno a favor de Booz. Los ancianos sirven como testigos de este acto y proclaman ante todos una bendición sobre la nueva familia. En esta bendición Rut es comparada con Raquel y Lea, madres de Israel. También hacen una referencia a Fares, el hijo de Tamar y Judá. La asociación de estas grandes figuras de Israel con Rut, aunque de carácter retórico, la colocan entre las grandes figuras del pueblo de Dios, cuya fe abrió nuevos caminos. El relato se cierra con el matrimonio de Rut y Booz y el nacimiento de un hijo a quien pusieron por nombre Obed.

Redención de Noemí

Como al principio de la historia, un coro de mujeres completa el círculo literario pronunciando bendiciones para Noemí. Ellas dicen:

¡Alabado sea el Señor, que te ha dado hoy un nieto para que cuide de ti! ¡Ojalá tu nieto sea famoso en Israel! Él te dará ánimos y te sostendrá en tu vejez; porque es el hijo de tu nuera, la que tanto te quiere y que vale para ti más que siete hijos.

Noemí tomó al niño en su regazo y se encargó de criarlo. Al verlo, las vecinas decían:

—¡Le ha nacido un hijo a Noemí!

Y le pusieron por nombre Obed. Rut 4.14-17

El nombre de Noemí reaparece en los labios del pueblo. No sólo Rut sino también Noemí ha sido redimida. Noemí recobra el significado de su nombre, que antes le parecía hueco. Las mujeres también le ponen el nombre al hijo que, según ellas, le ha nacido a Noemí.

A diferencia de cuando las mujeres se dirigieron por primera vez a Noemí, esta vez los resentimientos y la amargura están ausentes de sus labios. No se escucha ninguna protesta o queja. La única respuesta de Noemí es el silencio; sublime presencia de una nueva voz. Una nota del narrador conteniendo información genealógica da fin al relato.

Construcción de una nueva realidad

Cuando Noemí y sus dos nueras quedan desprovistas de la seguridad que el matrimonio les proveía, Noemí decide regresar a su tierra natal en compañía de ellas. No hay nada en el relato que indique que Noemí albergue un poco de esperanza para su futuro o que tenía expectativas de ser redimida. Si la idea del levirato cruzó su mente (1.12,13), fue como hemos visto anteriormente, para ser inmediatamente excluida como posibilidad. Sabemos, sin embargo, que tan pronto ella escuchó que la hambruna había terminado en su tierra, se puso en marcha en compañía de Orfá y Rut. Es razonable inferir que en su tierra ella tendría mejores posibilidades de sobrevivir como viuda sin hijos que en una tierra extraña.

Luego de que Noemí y sus nueras emprenden el camino a la tierra de Judá, Noemí insiste en que ellas deben regresar a su país. Si existe alguna razón para lo que parece en el relato como un cambio de pensar de parte de Noemí, no lo sabemos. Lo que sabemos es que este camino, antes transitado en compañía de su marido e hijos, ahora ella busca transitarlo sola. Examinemos de cerca por un momento la primera escena, 1.6-17. En su intento por conseguir que sus nueras, particularmente Rut, desistan de acompañarla, Noemí hace referencia al binomio pueblo y dios cuando dice a Rut: "Mira, tu concuñada se vuelve a su país y a sus dioses. Vete tú con ella." (1.15b) A lo que Rut le responde con el juramento tan impresionante al cual ya hemos hecho referencia en la primera parte de este ensayo. En este juramento se incluye el mismo binomio: "Tu pueblo será mi pueblo, y tu Dios mi Dios." (1.16b, RVR)

Mientras Noemí usa la frase su pueblo y sus dioses para distanciar su identidad y destino con respecto a Orfá y a Rut, esta última se acerca a ella con el uso de una frase parecida como punto de convergencia. Es claro para Rut que Noemí ha colocado a su pueblo y a su Dios al centro de su propia identidad y futuro. Tampoco hay duda de que Rut quiere ser parte de esa identidad. Ante tal prueba de compromiso de parte de Rut, Noemí desiste en su intento de convencer a Rut de que regrese a su tierra y la acepta como compañera en su jornada.

Este cambio de Noemí, y por consiguiente de Rut, lo podemos interpretar como un paso importante para ambas en su búsqueda de autodefinición y de participación activa en el forjar de sus propios destinos. Destinos que serán trazados por la mano de Dios a lo largo de toda la historia. De aquí en adelante ambas mujeres se colocan en el umbral de una nueva realidad en donde serán sujetos y protagonistas de una cadena de acciones que transformarán finalmente a la comunidad entera y les darán un lugar prominente entre las familias de Israel.

Cuando reflexionamos sobre la decisión de Noemí y Rut de salir de Moab, nos damos cuenta de la necesidad que tenemos como líderes de reconocer la precariedad de las situaciones que rodean a nuestra gente y de las razones por las cuales existen esas situaciones. El distinguir entre estos elementos, es decir entre una situación precaria y las razones que originan la misma, nos habilita para tomar nuestras propias decisiones, aunque sea como alguien que ha sido víctima, pero con la capacidad y la libertad para salir adelante. En muchas ocasiones el darnos cuenta de que hay factores externos a nosotros que nos colocan en una situación de desventaja para desarrollar nuestra vocación y ministerios, nos puede ayudar a levantarnos y a decidir un curso de acción más atinado y beneficioso para nosotros y nuestra comunidad. Conocer los factores externos que nos limitan y nos aflijen también nos fuerza a esclarecer cuáles son los elementos de valor que dan sentido al desarrollo de una identidad y de un futuro como comunidad de fe. Como podemos observar en la respuesta de Rut a Noemí (vea 1.16) ellas reconocieron que el pertenecer a un mismo pueblo y el tener fe en un mismo Dios eran elementos de valor para ambas. Con el juramento que Rut hace a Noemí, en el cual Rut toma como suya la expresión de Noemí "pueblo y Dios", se inicia una nueva trayectoria y un nuevo futuro para ellas. Para nosotros también, nuestra identidad de pueblo unida a nuestra identidad religiosa puede ser el cimiento sobre el cual podemos construir la nueva realidad digna y abundante a la cual Dios nos llama. Como líderes estamos llamados a luchar para hacer posible la construccin de ese cimiento.

Hacer teología, o el poder de nombrar

En la segunda escena del relato nos encontramos, a mi parecer, con uno de los momentos más sublimes y exquisitos de todo el relato, aunque muchos intérpretes de la historia lo ignoran. Me refiero a la llegada de Noemí y Rut al pequeño poblado de Belén. Todo el pueblo (quizás eran sólo las mujeres de más edad) se aúna en un coro que a voces grita el nombre de Noemí. Cuenta el relato que Noemí rechaza el que la llamen por su nombre, que como sabemos ya no la define, y se nombra así misma Mará, que significa amargura. Es con este nombre nuevo que ella caracteriza su experiencia con el Todopoderoso (vea 1.20). Aunque sus palabras parezcan ásperas, hay que reconocer su integridad en el hecho de que, afianzada en su propia historia, ella nombra su experiencia con Dios en sus propios términos e inicia un diálogo con él.

Definitivamente Noemí es un líder que dialoga con la comunidad como base para la reflexión sobre la fe. Ella amplía los horizontes de sus circunstancias personales al compartir su historia y sus quejas con aquellas que le han salido al encuentro. Hace escuchar su voz en medio de las otras voces que conmovidas la llaman. Al reclamar para sí un nuevo nombre basado en su expe-riencia presente con la divinidad, ella confronta una tradición pasada que le dio un nombre pero que ahora le resulta inútil. En su respuesta al pueblo ella no niega a Dios ni lo rechaza. Lo que ella rechaza es la idea de un Dios fosilizado, que se incrusta como figura inmovible en los esquemas del pasado; un pasado que le recuerda muerte y abandono. El nombre de Noemí se asocia con ese pasado. Para Mará, la Noemí del presente, Dios ha estado y está ciertamente presente y activo en su lucha. Es Dios quien la devuelve a su tierra. Ella aborda a este Dios desde su propia realidad y experiencia. Al hacerlo, se presenta frente a su comunidad con el nombre que mejor la identifica.

Sin lugar a dudas, Noemí es un líder en la difícil tarea de teologizar. La podemos ver en la compañía de otras mujeres en la tradición bíblica como Hagar, Miriam y Débora quienes también reflexionaron sobre Dios, en diálogo con Dios mismo o con el pueblo. De ellas aprendemos a reclamar nuestras experiencias como parte integrante del pueblo de Dios y a dar otro nombre a esas experiencias en nuestro propio lenguaje. En estos actos, como en el de Noemí, afirmamos que Dios se revela continuamente a nosotros, de maneras nuevas, haciendo suyas nuestra plenitud o nuestra escasez. Como líderes, le debemos a nuestras comunidades de fe la oportunidad de crear nuevos espacios para que todo el mundo participe creativamente en el examen de su fe. Ser líderes incluye iniciar a la comunidad, y participar junto con ella en esta tarea.

Desafío de la costumbre

Una vez que llegan a Belén y habitan allí, ambas mujeres están destinadas a vivir de la caridad. Rut asume el lugar de proveedora, consiguiendo el sustento diario para ella y para su suegra Noemí. Sin embargo, ese rol de proveedora la lleva más allá de conseguir alimento. Ella también ha logrado la acogida de Booz, un pariente cercano de Noemí. Las circunstancias de vida y la posibilidad de ser rescatadas de su situación estrechan sólidamente la relación de Noemí con Rut. Ayudadas la una por la otra, ellas generan una subsistencia digna que las habilita para ser interdependientes, tomar iniciativas y hacer decisiones que las benefician mutuamente. Cuando se abre la puerta de la esperanza, Noemí da consejos a Rut quien los sigue, consejos que finalmente la llevan a recibir la protección de Booz.

Algunas ideas y prácticas de la cultura israelita con respecto a la mujer servían para apoyar un sistema que las deshumanizaba. Noemí y Rut desafían las convenciones del arreglo matrimonial y al hacerlo logran cambiar su situación. Como en el caso de

Noemí y Rut, todos nos movemos en un mundo de convenciones y costumbres. Nuestras comunidades tienen principios escritos y no escritos de comportamiento, prácticas, y maneras de hacer las cosas. Cuando las situaciones lo hacen necesario, un líder se toma el riesgo de desafiar esas costumbres. No importa cuán vulnerables nos haga el desafío, la verdad y la justicia traen consecuencias liberadoras. No sólo las vidas de Rut y de Noemí fueron transformadas por sus acciones tan valientes, sino que también fueron transformados los allegados a ellas y así toda la comunidad.

Las circunstancias adversas que agobiaban a Rut y a Noemí constituyen la base para que ambas desarrollen una relación de apoyo mutuo. Subsistir juntas era una empresa difícil para mujeres desamparadas, puesto que ello implicaba conseguir el doble del sustento, que para una sola ya era difícil conseguir. Pero ambas están dispuestas a tomar una ruta fuera de lo esperado y los resultados son felices.

Noemí demuestra un liderato visionario e intuitivo cuando reconoce en la persona de Booz uno que tiene la posibilidad de redimir a Rut y por consiguiente asegurarles, a las dos, una subsistencia digna y honrosa. En un rol que podríamos llamar de mentora, Noemí hace que Rut, al igual que ella, comprenda la necesidad de asegurar su futuro. Con este propósito le plantea un argumento que hace que Rut también vea a Booz como un recurso y también la instruye en la manera en que puede lograr sus objetivos de rescate legal. Rut por su parte está presta a realizar lo que Noemí le ha sugerido.

En el liderazgo de Noemí reconocemos que un líder o una líder necesita tener visión. Con esta palabra nos referimos a la capacidad de encontrar recursos y soluciones a los problemas, en lugares que antes no habíamos identificado y de maneras que antes no habíamos imaginado. No existe una fórmula inmediata para adquirir la visión que como líderes necesitamos. Nos puede ayudar a desarrollarla, sin embargo, el prestar atención a lo que está ocurriendo, ponderar las dinámicas, y estrechar la imaginación a alternativas fuera de lo que conocemos.

La relación de Noemí y Rut ejemplariza para el líder cuán productivo puede ser el compartir las cargas, las aspiraciones y los planes con otros miembros de la comunidad. En la solidaridad de voluntades se genera la fuerza necesaria para trabajar con entusiasmo, enfrentar los obstáculos, e imaginar mayores metas. Un liderato compartido facilita también el que tengamos más seguridad en la tarea que realizamos.

En su relación con Rut, Noemí también cumplió con su deber como la suegra mentora; la que transmite a la generación más joven el conocimientos de las tradiciones y el genio del obrar sabia y astutamente. Con su evidente capacidad de persuasión, convence a Rut de que asegure su rescate. Rut lleva a cabo su encomienda. La respuesta de Rut nos indica que ella confiaba plenamente en Noemí y se sentía a sí misma equipada para llevar a cabo el plan. Es muy probable que como líderes nos encontremos ante la ocasión de ayudar y dirigir a otros. Como lo hizo Noemí, debemos aprovechar esas oportunidades con un sentido de responsabilidad y de interés genuino por la vida de aquellos a quienes ayudamos.

Conclusión

Noemí y Rut son líderes en la lucha por la subsistencia y la construcción de un futuro que afirma la dignidad humana como don inalienable de Dios para su pueblo. Ellas nos dirigen en la tarea de reflexionar sobre la fe desde nuestra experiencia, en solidaridad con el resto de la comunidad. Ellas nos inspiran a creer en nosotros mismos, a tomar riesgos y a confiar en la existencia de la buena voluntad de Dios para con su pueblo. En ellas están representados los hombres y mujeres que llenos de fe en el Dios de la historia participan conscientemente en la creación de nuevos espacios en donde se promueve el desarrollo de la amistad, la dignidad humana y la esperanza.

Temas para reflexión y/o discusión

1. ¿Qué aspectos del liderato de Noemí y de Rut te han impactado?

2. ¿Cómo afecta el liderato de ellas a tu propio entendimiento del liderato?

3. ¿Qué otras implicaciones tiene la historia de Rut y Noemí para ti y para la comunidad con respecto al liderato del pueblo de Dios?

4. ¿Qué valores de la sociedad israelita se reflejan en este relato? ¿Cómo comparan con los de nuestra sociedad en general, y con los de la comunidad hispana en particular?

5. ¿De qué maneras puede tu comunidad construir un futuro digno para todas las personas?

Samuel

Un líder para el momento

Lecturas bíblicas recomendadas: 1 Samuel 1–16; Josué 24.25-27;
Hechos 3.24; 13.20; Hebreos 11.32.

Introducción

En los primeros dieciséis capítulos de la monumental obra atribui-
da a Samuel en el Antiguo Testamento (1 y 2 Samuel), encontramos los relatos sobre su nacimiento, vocación y la mayoría de
sus ejecutorias. También encontramos referencias adicionales en
los libros de Crónicas, Salmos y Jeremías. La historia de Samuel
comienza con un relato sobre las circunstancias que rodearon su
nacimiento, como comienzan otros relatos sobre los líderes del
pueblo de Dios, como Sansón e Isaac, por ejemplo.

Samuel demostró excelentes cualidades de liderazgo, el cual fue
uno de carácter diverso. Samuel fue profeta, juez y sacerdote de
Israel. Los relatos acerca de él le identifican como un líder que

participó activamente en la vida del pueblo durante una época de grandes cambios. Su popularidad se extendió por todo el territorio de Israel y su rol como el último juez de Israel claramente sobrepasa en influencia y reconocimiento a cualquiera de los otros jueces que le precedieron.

Las narrativas sobre Samuel también demuestran que él vivió una vida de irreprochable fidelidad para con Dios y para con el pueblo de Israel. Desde los días en que crecía al amparo de Elí, el sacerdote de Siló, su conducta contrastaba con la de los hijos de Elí. La importancia de su liderazgo, sin embargo, sobrepasa sus piadosos comienzos. Samuel fue una figura importantísima en la historia del pueblo de Israel, porque en el ejercicio de su liderazgo como el último juez de Israel, el pueblo experimentó una de sus más profundas transformaciones: la transición de una organización tribal, en donde líderes eran escogidos para juzgar y dirigir al pueblo en batallas nacionales, a un gobierno monárquico, en donde los poderes se reunían en la persona de un rey.

Aunque en la superficie se trataba de un cambio político, representaba una reorientación en la manera del pueblo relacionarse con Dios y acogerse a la voluntad divina. Fue durante esta transición que el rol de Samuel como líder se hizo más evidente. Él actuó como el mediador entre Dios y el pueblo dando instrucciones a cada paso de lo que el pueblo debía hacer. Cuando la monarquía comienza a hacerse una realidad, Samuel es el profeta o mensajero de Dios para el pueblo, así como para el futuro rey. Por esta razón, las tradiciones bíblicas que se desarrollaron posteriormente en torno a su persona se refieren a él cómo profeta; y la tradición de la iglesia también lo identifica como el primer y más grande profeta de Israel (Hechos 3.24; Hebreos 11.32).

La época de Samuel

El liderazgo de Samuel se extiende desde la época en la que Israel era todavía un grupo de comunidades tribales hasta los primeros años de la monarquía establecida en el reino de Judá, alrededor del siglo XI antes de la era cristiana. Este período de transición de una forma de gobierno carismático (compare Jueces 3.10;15) —en la que jueces se levantaban temporalmente para resolver asuntos de seguridad nacional— a una monarquía, fue uno de anarquismo y de decadencia religiosa (1 Samuel 4.1-22). Como siervo de Dios y líder del pueblo, Samuel estuvo integrado a toda la gama de sentimientos y conflictos que caracterizaron a este período proveyendo dirección en una variedad de situaciones. Su liderazgo adquiere nuevas proporciones con la elección de Saúl como primer rey de Israel (y el posterior rechazo de éste por Dios), y culmina finalmente con su participación en la elección de David. Samuel fue instrumento importante de Dios en la carrera de estos primeros reyes de Israel.

Antes de que Dios llamara a Samuel, el liderato sacerdotal de Israel —representado en la persona del sacerdote de Siló, Elí, y de sus dos hijos, los sacerdotes Hofní y Finees— estaba en decadencia (2.12-17). Estos dos últimos no respetaban las prácticas sacerdotales, las trataban con desprecio y violaban los sacrificios faltando a la solemnidad y al orden de los ritos (2.17). Violaban aún la dignidad de las mujeres que servían a la entrada de la tienda del encuentro acostándose con ellas (2.22). El sacerdote Elí, por su parte, se presenta como uno que había perdido el control sobre sus hijos. A la vez que decae físicamente, también parece tener dificultad en reconocer los asuntos de Dios (2.22-36). Mientras esto acontecía, el texto bíblico nos dice que Samuel crecía sirviendo en el templo y se comportaba de una manera que agradaba a Dios. Su conducta en el santuario de Siló en donde Dios se comunica con él, y la fidelidad con que la palabra de Dios a través de él se cumplía, le llevaron a adquirir gran fama y prestigio en todo el territorio de Israel (3.19,20).

La situación política de Israel no era muy apetecible. Los filisteos arreciaban militarmente contra Israel y en una ocasión llegaron a robar el arca de la alianza del Señor que estaba depositada en el campamento hebreo (4.10,11). Era una época de anarquía en la que tanto los filisteos como los israelitas experimentaron terrible destrucción y mortandad (4, 5). Durante esta época de inestabilidad política Samuel desarrolló su vocación intercediendo por el pueblo y haciéndoles volverse a Dios. Bajo su liderazgo como caudillo, finalmente Israel tuvo descanso de los ataques de los filisteos, recuperó las ciudades capturadas y disfrutó de relativa paz (7.13,14).

En su ancianidad, sus hijos le sucedieron en la tarea de gobernar al pueblo. Como en el caso de los hijos de Elí, los de Samuel también desaprovecharon la oportunidad de ofrecer al pueblo un liderazgo fiel y eficaz como el que ejerció su padre. El prospecto de volver a un liderazgo corrupto, unido a la influencia de las otras naciones, fue la razón presentada por el pueblo para peticionar un rey que los juzgara (8.5; 20). De aquí en adelante el liderato de Samuel tomó un nuevo rumbo. Él fue el instrumento que Dios usó para dirigir la transición a una nueva forma de gobierno. La elección de los dos primeros reyes de Israel y la repulsa del primero estuvieron bajo su responsabilidad. Estas nuevas circunstancias fueron un desafío a su liderazgo. Examinemos su historia en más detalle.

El llamamiento de Samuel

La vocación de Samuel se desarrolló aún antes de su nacimiento. Samuel es el hijo de Ana, una de las dos esposas del sacerdote Elcaná. Esta sufría amargamente por la afrenta de ser una mujer estéril y le rogaba a Dios por un hijo (1.1-11). En su ruego, Ana le prometió a Dios que si le daba un hijo lo dedicaría a él, y lo consagraría de manera especial a su servicio. Cuando Samuel nació, Ana cumplió la promesa que había hecho. Al cumplirse el tiempo en que ya no había necesidad de amamantar a Samuel, lo llevó consigo al santuario de Siló a donde ella iba a ofrecer sacrificios. Allí, conforme a su promesa, lo presentó al sacerdote Elí, y lo dejó a sus órdenes para que sirviera a Dios en el templo (1.24-28). Los versos 1-11 del capítulo dos recogen un hermoso cántico en labios de Ana, en donde ella exclama acciones de gracias al Dios Todopoderoso en el momento de la dedicación de Samuel al servicio del Señor. Pero es claro que su rol de madre no culminó con la dedicación de Samuel sino que estuvo al tanto de proveerle para sus necesidades a medida que Samuel crecía. El narrador nos acerca aun más al relato y al corazón de Ana, cuando menciona su costumbre de confeccionar cada año una túnica para Samuel y llevársela al santuario (2.19).

Fue en el santuario de Siló, mientras Samuel dormía frente al arca de la alianza, también identificada como el arca de Dios, donde Samuel recibió su llamado (3.3-10). Según el relato bíblico, él escuchó una voz que le llamaba por su nombre insistentemente: ¡Samuel! ¡Samuel!. Al principio, Samuel no sabía quién lo llamaba. Alertado por Elí, Samuel se da cuenta de que es la voz de Dios que le esta llamando.

> Samuel no conocía al Señor todavía, pues él aún no le había manifestado nada. Pero por tercera vez llamó el Señor a Samuel, y este se levantó y fue a decirle a Elí:
> —Aquí me tiene usted; ¿para qué me quería?
> Elí, comprendiendo entonces que era el Señor quien llamaba al joven, dijo a este:
> —Ve a acostarte; y si el Señor te llama, respóndele: "Habla, que tu siervo escucha."
> Entonces Samuel se fue y se acostó en su sitio. Después llegó el Señor, se detuvo y lo llamó igual que antes:
> —¡Samuel, Samuel!
> —Habla, que tu siervo escucha —contestó Samuel.
> 1 Samuel 3.7-10

Luego de la respuesta de Samuel, Dios le habla dándole a conocer sus propósitos (véase 3.11-14).

En la escena del llamamiento de Samuel, llama la atención la dificultad que tanto Samuel como Elí tienen en reconocer de inmediato el llamado de Dios. Pero el texto señala claramente que en aquella época era raro que el Señor comunicara a alguien un mensaje (véase 3.1). Sin embargo, la dificultad también apunta a la nueva realidad que está tomando cuerpo en la historia de Israel. En la persona de Samuel se comienza a dar inicio a un liderato profético en Israel. En un cuadro de vocación similar al de otros a quiénes Dios llamó —como Moisés, Isaías y Jeremías— Samuel se nos presenta como aquel que en lo adelante tendrá la encomienda de servir al pueblo como mensajero de la palabra de Dios. Esta nueva faceta de su vocación como líder de Israel marca una nueva relación con el pueblo en un momento en que están surgiendo nuevas circunstancias políticas.

El llamamiento de Samuel y su posterior liderazgo son un testimonio a su legitimidad como escogido de Dios para la tarea de dirigir al pueblo. Su llamamiento, aunque toma lugar cuando aún está bajo la tutela del sacerdote Elí, tiene un carácter único, como lo demuestra la reacción de Elí a la llamada de Dios (3.6). Sobre sus hombros recayó la responsabilidad de levantar el espíritu del pueblo, volverles a la fe de los antepasados y recobrar la confianza de ellos en Dios.

Las circunstancias que rodean la vida y el llamado de Samuel nos enseñan cómo la familia y la crianza pueden ser de mucha influencia en el desarrollo de futuros líderes. Aunque cada individuo debe responder por sí mismo a su propio sentido de vocación, esta puede ser nutrida por la familia, la iglesia y la comunidad.

El liderazgo multifacético de Samuel

Como sugiere el texto bíblico, el liderato de Samuel se desarrolla en sus comienzos en marcado contraste con el de la casa de Elí. Mientras los hijos de Elí y los criados encargados de atender las ceremonias sacrificiales relajaban las costumbres del culto, Samuel hacía lo que agradaba a Dios y le servía fielmente. Su fidelidad a Dios y el hecho de que la palabra de Dios se cumplía a través de él, le hicieron ganar la confianza del pueblo. El pueblo se sentía libre para venir a él a escuchar el mensaje que les daba de parte de Dios y ellos obedecían a su palabra. El pueblo también se sentía libre para expresarle su parecer con respecto a los asuntos de la nación. Todo esto contribuyó a que su fama se extendiera por todo el territorio de Israel (3.19-21).

Como vemos en el relato, el llamamiento de Samuel es un llamamiento profético y el pueblo se refirió a él como profeta (3.19). No obstante, el liderazgo de Samuel tiene una naturaleza multifacética. Samuel fue profeta, sacerdote y juez a la vez. En adelante analizaremos varias de esas facetas. Las mismas se identifican a partir del capítulo siete del primer libro de Samuel.

Caudillo, profeta y sacerdote del pueblo

Antes del liderazgo de Samuel, el pueblo vivía en continua amenaza de ataque de los filisteos. En los capítulos 4 y 5 de 1 Samuel, se registran por lo menos dos ataques en los que Israel sufre grandes derrotas. Fue durante una de estas derrotas, que los filisteos capturaron el arca de la alianza, la cual los israelitas habían traído al campamento desde Siló en su inútil esfuerzo por salir victoriosos de los ataques filisteos.

La vulnerabilidad del liderato del sacerdote Elí, la pérdida del arca de Dios y el abandono del culto a Dios propició la derrota del pueblo israelita a mano de sus enemigos (4.17-22). El pueblo sufrió las consecuencias durante mucho tiempo y se lamentaba delante del Señor (7.2). Cuando Samuel aparece en la escena, el arca ya había sido devuelta a los israelitas y el pueblo estaba listo para experimentar un cambio. La situación ofreció a Samuel la oportunidad de llamar la atención del pueblo sobre las razones de su continua derrota a manos de sus enemigos los filisteos. Mientras los israelitas se preguntaban a sí mismos qué estaba pasando, Samuel toma el liderazgo delante del pueblo. Él lleva a cabo una celebración cúltica en Mizpa, en la que convoca a todo el pueblo a participar de una liturgia de arrepentimiento y obediencia. Según se describe en los versos cinco y siguientes del capítulo siete, él ordena a todo el pueblo a que se reúna en Mizpa. Allí los israelitas sacaron agua y la derramaron como ofrenda al Señor, ayunaron y se arrepintieron. En ese lugar, se nos dice que Samuel se convirtió en caudillo o gobernante del pueblo (7.3-6).

Los jueces eran quienes, para esa época, convocaban al pueblo para prepararse para la batalla. Pero aunque Samuel actúa como es propio de un caudillo o juez del pueblo, es claro que su puesto es diferente al de los jueces que lo preceden (compare el liderato de Débora en el ensayo que lleva su nombre). Samuel ejerció su rol permanentemente y su llamado, en vez de esporádico, era fijo. Como líder, Samuel ejercía un liderato itinerante visitando cada año, juzgando desde los santuarios de Betel, Guilgal y Mizpá. Tenía un altar en su residencia permanente en Ramá desde donde también juzgaba a Israel. El pueblo reconoció la extensión de sus funciones como un verdadero juez o caudillo de Israel:

> Samuel fue caudillo de Israel durante toda su vida, y todos los años iba a Betel, Guilgal y Mispá, para atender los asuntos de Israel en todos estos lugares. Luego regresaba a Ramá, donde tenía su residencia, y desde allí gobernaba a Israel. También construyó allí un altar al Señor.
> 1 Samuel 7.15,16

En la reunión en Mizpá, Samuel actuó también como profeta de Dios intercediendo por los pecados del pueblo. Él llamó al pueblo a que abandonara los dioses ajenos, incluyendo a la diosa Astarté, y les instó a servir al Señor (7.3-5). Las palabras de Samuel al pueblo nos muestran su interés en difundir la fe en el Señor, Dios de Israel y de eliminar la idolatría. Ellos eran la comunidad del pacto como lo atestiguaba la presencia del arca entre ellos. La adoración a otros dioses violaba la esencia misma de esa relación de pacto con Dios. La derrota que estaban sufriendo a manos de los filisteos era la consecuencia de esa violación.

Inmediato a este episodio y relacionado al mismo, Samuel dirige al pueblo en una batalla contra los filisteos. Estos se han enterado de que los israelitas se han congregado en Mizpá a ofrecer sacrificios y quieren aprovechar la oportunidad para atacarlos. Samuel ejerce como sacerdote del pueblo ofreciendo un holocausto al Señor y rogando a Dios en nombre de Israel. El Señor le responde amedrentando a los filisteos con un trueno. El miedo de los filisteos ayuda a que los israelitas los persigan y los derroten. Samuel colocó una piedra en aquel lugar al cual llamó Eben-ézer, título hebreo que significa "piedra de ayuda" (7.9-12). El liderazgo de Samuel en esta ocasión nos recuerda a Josué, quien también reunió al pueblo en asamblea y marcó con una piedra el lugar. En aquella reunión se sentaron las bases para el pacto de Israel como pueblo de Dios (Josué 24.25-27). Tal como aquella celebración de Josué en Siquem, aquí Samuel es el vocero de Dios, el que guarda el pacto, el que intercede por el pueblo y oficia como sacerdote.

Las varias facetas del liderazgo de Samuel nos hablan de un líder que crece en capacidad a medida que más se requiere de él. Él estuvo al tanto de las necesidades de su pueblo y dispuesto a servirles conforme a estas. Su liderazgo nos muestra la importancia de ejercer un liderazgo con dedicación y con pleno entendimiento de las necesidades profundas del pueblo. Samuel también nos enseña a ser flexibles en tiempos de cambios.

Samuel y la monarquía

Cuando Samuel llega a una edad avanzada nombra a sus hijos como jueces. Es razonable inferir que el peso de un liderato tan polifacético como el de Samuel ya comenzaba a agotarle. Pero como en el caso del sacerdote Elí, los hijos de Samuel tampoco siguen las buenas costumbres de su padre. Estos se comportan corruptamente. La situación provoca una crisis dentro de la comunidad. El pueblo quiere un cambio político. Se reúnen los ancianos del pueblo con Samuel en su casa de Ramá para pedirle formalmente que se les nombre un rey. Los ancianos protestan la incapacidad de los hijos de Samuel para juzgar al pueblo mientras otras naciones son gobernadas por un rey (8.5). La demanda de un rey para todo Israel revela que Israel ya se veía a sí mismo como una unidad, y que el arreglo de las tribus como grupos autónomos estaba en decadencia. Con un rey, Israel comenzaría a entenderse como un territorio unido y a responder con más fuerza a la amenaza de sus enemigos.

Es evidente que la petición tenía profundas implicaciones para el pueblo y su identidad, mas allá de los asuntos de seguridad territorial. Históricamente Israel siempre había existido en una teocracia, aunque no se referían a sí mismo en estos términos. La fe de Israel en Dios lo profesa como el único soberano, no sólo de Israel sino de toda la faz de la tierra. Dios siempre había sido el dador de la ley, el juez, y el que regía todos los aspectos de la vida de Israel. La idea de un sólo rey pasaría ese concepto de soberanía a la persona de un ser humano. Cómo podrá mantenerse la integridad de la relación entre Israel y Dios es un nuevo desafío que confronta al pueblo, al futuro rey y a Samuel.

Los relatos en cuanto a la elección del rey revelan que en la obra literaria de Samuel hay dos perspectivas distintas sobre la monarquía. Basta una comparación de algunos textos para notar estas dos opiniones opuestas que confluyen. De un lado la monarquía es vista como un rechazo a la soberanía divina (véase capítulos 8.6-21;10.17-26;12.1-25). Del otro, la monarquía es presentada como la respuesta de Dios a la aflicción de su pueblo en manos de sus enemigos (9.1-27;10.1-16;10.27—11.15). Este trasfondo diverso ayuda a que descubramos varias facetas en el liderazgo de Samuel.

De acuerdo a las narrativas del capítulo nueve en adelante, Dios pone en manos de Samuel la elección del primer rey de Israel: Saúl. Con la participación de Samuel como profeta en este acto y en los otros eventos que le siguen, se marca el nacimiento de la profecía como una institución asociada a la monarquía. Esta asociación del profeta y la monarquía continuaría por el resto de la vida de Israel y la misma aseguraría, hasta dónde el pueblo permitiera, que se salvaguardara el mensaje de la palabra de Dios.

En el pintoresco relato de la elección de Saúl (9.1-27), narrado desde una perspectiva favorable, Samuel es identificado como el respetado vidente a quien el pueblo acude cuando tiene la necesidad de consultar a Dios (9.9). El primer encuentro entre Samuel y Saúl ocurre cuando Saúl y su criado van en búsqueda de Samuel para que les ayude a encontrar el ganado extraviado. El texto también designa a Samuel como profeta, en hebreo *nabí*, aunque algunas versiones traducen el término como "hombre de Dios." Es de interés notar que el historiador inserta un comentario para aclarar que antes de la monarquía, el término para el profeta era *roe*, que se traduce como vidente. Es claro que para la época en que la historia se escribe el término vidente estaba en desuso y se hablaba de Samuel como profeta. Aunque el término vidente enfatiza más la idea de uno que ve o percibe de manera especial el futuro, ambos términos, profeta y vidente se refieren a Samuel como el mensajero de la palabra divina.

En este mismo relato Samuel es caracterizado como uno que confiado en la revelación de la palabra de Dios tiene cuidado de cada detalle para poner en acción el plan de Dios (9.22-27). Una vez Samuel se encuentra con Saúl, aún antes de su ungimiento como rey, lo trata con la dignidad real, convidándolo a comer de una comida especialmente reservada para él, en la compañía de representantes del pueblo. El encuentro termina con el ungimiento de Saúl con aceite (10.1).

A partir de la consagración de Saúl como rey de Israel, Samuel sigue ejerciendo su liderazgo en los asuntos que atañen a la vida y las acciones del nuevo rey. En cualquiera de las dos perspectivas sobre la monarquía, Samuel es descrito como quien convoca a la asamblea para la coronación del rey (10.17-24); el que interviene a favor del Señor en todos los conflictos de la nación (15.1-3); el mensajero de Dios al pueblo (12.13-18); el que hace que se cumplan las prohibiciones de la guerra (15.20-23); el mensajero de Dios al rey, y el vocero de los intereses de la comunidad (15.21-33).

Poco después de entregar a Saúl sus funciones de gobierno, comienza la decadencia de Saúl hasta que finalmente Dios le quita su reinado. Al igual que el sacerdote Elí, quien le precedió como líder de Israel, Samuel no pudo escapar el identificarse personalmente con los asuntos que presidía (15.11). Como revelan las narrativas sobre Saúl y su elección como primer rey de Israel, Samuel sufrió con la decadencia moral de Saúl, la cual paulatinamente le llevaría a la ilegitimación de su reinado. Cuando Dios repudió a Saúl como rey de Israel, Samuel se separó de él y por un tiempo estuvo sumido en una gran tristeza (15.35).

En el capítulo 16, Dios vuelve a llamar a Samuel para la consagración de un nuevo rey en Israel, David, de quien hablaremos en el estudio siguiente. Cuando Dios llama a Samuel para el ungimiento de este nuevo rey, Samuel todavía está lamentando el rechazo de Saúl y llega a temer que este vaya a matarle cuando se entere de que él va a ungir a David. No obstante Samuel obedece al mandato de Dios y va a la ciudad de Belén. Dirigido por Dios, Samuel es quien finalmente identifica a David entre sus hermanos como el que Dios ha elegido para suceder a Saúl. Como lo hizo con Saúl, Samuel unge a David. Luego de este episodio Samuel regresa a su casa en Ramá (16.13).

Como mensajero de Dios, Samuel dio a conocer al pueblo la voluntad de Dios y se unió a ellos en el arrepentimiento y en la búsqueda de perdón. Independientemente de sus propios sentimientos, él logró ser un instrumento íntegro y fiel de la palabra de Dios anunciando al pueblo lo que Dios iba a hacer. Participó fielmente en la elección y en el reinado de Saúl, y estuvo a su lado cuidando de que éste hiciera lo que Dios le ordenaba. Cuando Saúl provoca el rechazo de Dios, Samuel acepta el designio divino, y participa en la elección de David (16.13). A pesar del duelo que le ocasionó el rechazo de Saúl, Samuel mantuvo intacto su compromiso con Dios y con su palabra. Aunque ejerció su ministerio durante una de las mayores transformaciones de Israel como pueblo, su fidelidad a Dios nunca varió, ni su sensibilidad para con el pueblo.

A diferencia de los relatos de Saúl, los relatos de David están ausentes de referencias a Samuel. Samuel reaparece en la escena política cuando David, huyendo de Saúl quien le persigue para matarlo, se refugia en compañía de Samuel en Ramá (19.18). A pesar de su edad y de los cambios ocurridos, Samuel aún mantenía su lugar como vocero de la palabra de Dios. Nótese además que a pesar de su afecto por Saúl, él protege a David pues reconoce que es a él a quien Dios ha seleccionado como rey. En el contexto de la persecución de Saúl a David, Samuel aparece una segunda vez como el que preside una banda de profetas extáticos y presencia la conducta degradante de Saúl (19.20-24).

Los relatos sobre la autoridad e influencia de Samuel le siguieron aun después de su muerte. En un relato un poco peculiar dentro de la literatura bíblica, encontramos a Saúl consultando a una adivina. En el relato, la figura de Samuel, como una aparición, aparece hablando. Él anuncia a Saúl, quien ha venido a consultarle, su inminente derrota en manos de los filisteos. Al final de las palabras de Samuel, Saúl cae a tierra atemorizado por el mensaje. El relato, que posiblemente funciona para describir la conducta irracional de Saúl, nos deja ver, entre otras cosas, la extensión de la influencia de Samuel como mensajero de Dios (28.3-20).

La historia de Samuel termina con una breve referencia a su muerte por parte del historiador. Se nos dice que todo el pueblo lamentó su muerte (28.3). Samuel fue enterrado en Ramá, el lugar de su casa y la de sus padres.

Conclusión

Los relatos en torno a la infancia de Samuel arrojan sobre su persona una estatura especial, como uno cuya vida estaba para cumplir los propósitos divinos. Su vocación fue claramente nutrida por un cuidado especial y por la oportunidad de crecer en uno de los más importantes santuarios israelitas. Las demandas de su ministerio, sin embargo, sobrepasaron cualquier expectativa.

Su liderazgo es reflejo de las circunstancias que le tocó vivir. Samuel ejerció su liderato en un tiempo en que la fe en el Dios de los antepasados estaba en crisis, así como la confianza en las instituciones que por mucho tiempo garantizaron la seguridad de Israel. La transición a un gobierno monárquico, representaba un desafío para todas las partes. Samuel fue la figura central como profeta de Dios en medio de esa transición.

Cuando su liderato está a punto de ser enteramente reemplazado por Saúl y la nueva institución monárquica, Samuel hace una recapitulación sobre su vida y sobre el ministerio que ha ejercido entre el pueblo durante una vida entera, declarando:

—Por mi parte, yo estoy ya viejo y lleno de canas, y mis hijos están entre ustedes. Yo soy quien los ha dirigido a ustedes desde mi juventud hasta el presente, y aquí me tienen: Si me he apropiado del buey o del asno de alguien, o si he oprimido o maltratado a alguno, o si me he dejado sobornar, pueden acusarme ante el Señor y ante el rey que él ha escogido, y yo pagaré lo que deba.

• • •

—El Señor y el rey que él ha escogido son testigos de que ustedes no me han encontrado culpable de nada.
1 Samuel 12.2b-3, 5

En la respuesta del pueblo a las palabras de Samuel se hace evidente que ellos reconocieron que el mismo Dios que llamó a Samuel siendo joven, lo capacitó para su tarea y lo fortaleció para terminar dignamente su carrera. Samuel da paso a una nueva etapa en la vida del pueblo, no sin antes dejar afirmada su lealtad a Dios y al rey que Dios ha escogido. ¡Claro que Israel se regía ahora por un rey, pero Dios seguía siendo el soberano sobre Israel!

Temas para reflexión y/o discusión

1. Comente sobre la relación del pueblo con Samuel. ¿Qué se revela en esta relación sobre Samuel? ¿Qué se revela sobre el pueblo?

2. ¿Cómo se compara el liderato de Samuel con el de otros personajes bíblicos?

3. ¿Qué enseñanza encuentra en esta historia que pueda iluminar el concepto de liderazgo en el presente?

4. ¿Qué aspectos de la vida de Samuel le impactan más?

5. ¿Qué otros temas de esta historia quisiera explorar?

Pastor y rey

Lecturas bíblicas recomendadas: 1 Samuel 16.11-23; 17; 18.1-4; 20.12-42; 2 Samuel 11; 12.1-15; 18.31-33

Introducción

Pocas personas en las Escrituras sobresalen en calidad de líder y héroe como lo hace el rey David. A decir verdad, las cualidades de David habían sido descubiertas mucho antes de que se convirtiera en rey. A pesar de que como rey, su hijo Salomón tuvo un reino más glorioso en muchos sentidos, David continúa siendo el punto de referencia que se usa al evaluar a otros reyes. Una de las razones de este ensayo es precisamente la poderosa historia de David que recogen las Escrituras. Parte de la mejor literatura del Antiguo Testamento se encuentra en 1 y 2 de Reyes.

Es probable que a David se le recuerde más por lo que se parece a cada uno de nosotros que por sus propios logros. Sin lugar a dudas, tuvo logros admirables y sus cualidades como líder lo distinguen de los demás. Sin embargo, ¡fue muy humano! A menudo sintió la tentación y cedió ante su propia flaqueza. Quizá fue un gran líder militar y un rey importante, pero como padre fue un fracaso. Presidía sobre una nación en vías de desarrollo y a la vez sobre una familia disfuncional. Era atractivo, talentoso y apasionado. Era audaz, atrevido y a veces hasta descarado. Era pintoresco y dinámico. A decir verdad, David era carismático.

Si David viviera en nuestros días, en los que contamos con tantos medios de comunicación a nuestro alcance, controlaría las noticias, incluyendo los periódicos sensacionalistas. Su persona y familia mantendrían ocupados a los programas de entrevistas. Sus hazañas militares se discutirían en programas de entrenamiento. Sus acciones políticas, las geniales lo mismo que las disparatadas, serían el argumento de los analistas políticos. Su poesía y sus canciones se comercializarían. Sus muchos abusos mantendrían a los tribunales más ocupados que muchas de las figuras prominentes de nuestra época.

Dediquemos un tiempo a este hombre en verdad notable y apasionante. Hay mucho más que ver y saber de lo que un estudio casual podría mostrar. Si nos detenemos en las historias de David, podríamos ganar una valiosa comprensión del carácter de este hombre; pero a la vez, estaríamos ganando un mejor entendimiento de nuestras propias vidas y de nuestras relaciones. En cuanto a liderato y relaciones humanas hay mucho que aprender de este pastorcito que llegó a ser rey.

A pesar de que en este ensayo es posible discutir a David en detalle, recomendamos que usted vaya a la Biblia misma y lea las historias directamente allí. Este ensayo es más útil como un comentario a la Escritura que como relato independiente. A pesar de que esto tomaría más tiempo, sería un tiempo bien invertido, que permitiría conocer mucho mejor a David como lo describen los que lo conocieron personalmente.

Contexto Bíblico

Las crónicas de David aparecen en 1 Samuel 16.11 hasta 1 Reyes 2.12, y 1 Crónicas 11.1 hasta el 29.30, que es el final del libro. Ya sea que usted lea todo el relato de una vez o que lo haga poco a poco, este ensayo le refrescará la imagen de David. En su vida sobresalen algunos acontecimientos, como la muerte de Goliat (1 Samuel 17.19-54), la cual es sumamente conocida por los niños. La historia del pastorcito que llevó alimentos a sus hermanos en el campo de batalla es fascinante y a la vez material de estudio, sobre todo para la educación cristiana de niños, jóvenes y adultos. Debido a que era tan pequeño y tan joven, David no podía sostener la armadura de un soldado, pero gracias a su habilidad y experiencia con la honda de pastor, pudo de una sola tirada matar a Goliat, el intimidante y poderoso gigante filisteo.

En grupos de iglesia, sobre todo, la juventud llega a conocer acerca de otro detalle interesante en la vida de David: su estrecha relación con Jonatán, el hijo del Rey Saúl (1 Samuel 18.1-4). Por largo tiempo esta relación ha sido considerada como un modelo de amistad. Jonatán protegió a David de la ira de Saúl. Él evitó que su padre matara a David, aun cuando eso significaba que David, en vez de él, sucedería a Saúl como rey (1 Samuel 20.12-42). En cierto sentido, su amistad duró más que sus vidas. Más adelante vemos que David, como rey, cuidó y en efecto adoptó en su casa al hijo de Jonatán.

El incidente con Betsabé (2 Samuel 11) es sin duda memorable. Es una historia apropiada para las novelas de televisión y los programas de entrevistas. El deseo de David por la mujer de Urías lo llevó a su peor momento. Envió a Urías a morir en batalla para lograr que Betsabé se convirtiera en su propia esposa. Por supuesto, unos de los momentos éticos sobresalientes de la Biblia se refleja en el carácter del profeta Natán, quien confrontó al rey con su gran pecado (2 Samuel 12.1-15).

Personas que como yo son padres, no pueden evitar el emocionarse al leer sobre el profundo dolor que sintió David al enterarse de la muerte de su rebelde hijo, Absalón (2 Samuel 18.31-33). Muchos padres hoy pueden identificarse con el pesar que experimentó David cuando su hijo comenzó una revuelta para destronarlo como rey. Cuando la revuelta termina trágicamente con la muerte del joven, David levanta su lastimoso clamor: "¡Absalón, hijo mío! ¡Absalón, hijo mío! ¡Ojalá yo hubiera muerto en tu lugar! ¡Hijo mío, Absalón, hijo mío!" Incidentes como este nos ayudan a conectarnos con David. Aquellos que han perdido un hijo o una hija, en cualquier circunstancia, conocen personalmente el dolor que sintió el rey. Otra ocasión de profunda angustia como padre y como pecador es aquella cuando David experimenta la muerte de su primer hijo con Betsabé, que se describe poderosamente en 2 Samuel 12.15b-24a. Solamente de estas historias podría desarrollarse un curso completo para padres y personas que trabajan con jóvenes.

La Biblia narra muchos otros incidentes memorables en la vida de David y como veremos, estos también pueden enseñarnos algunas lecciones acerca del liderazgo. Mi favorito, entre otros, tiene que ver con la acción dramática y compasiva del rey hacia Mefibóset el hijo de Jonatán (2 Samuel 4.4, 9; 19.24-29). Muy diferente es la imagen de David danzando desnudo durante la celebración de la llegada a Jerusalén del Arca del Pacto (2 Samuel 6.14-20). Muchos de nosotros consideramos que el reproche de su esposa sobre esta conducta inapropiada es más que justificado. Por otro lado, la protección que David le ofrece al rey Saúl y el profundo respeto que le demuestra a pesar de su inestabilidad mental es digna de mención.

Podemos aprender de su destreza militar y de su disposición a violar leyes del judaísmo de su tiempo, como cuando se une a sus tropas y come el pan sagrado dedicado a Dios. 1 Samuel 21.1-6 nos relata el incidente:

> *David se dirigió a Nob, a ver al sacerdote Ahimélec, que sorprendido salió a su encuentro y le dijo:*
> *—¿Cómo es que vienes solo, sin que nadie te acompañe?*
> *David le contestó:*
> *—El rey me ha ordenado atender un asunto, y me ha dicho que nadie debía saber para qué me ha enviado ni cuáles son las órdenes que traigo. En cuanto a los hombres bajo mis órdenes, los he citado en cierto lugar. A propósito, ¿qué provisiones tienes a mano? Dame cinco panes o lo que encuentres.*
> *Y el sacerdote le contestó:*
> *—El pan que tengo a mano no es pan común y corriente, sino que está consagrado. Pero te lo daré, si tus hombres se han mantenido alejados de las mujeres.*

David le respondió con firmeza:

—Como siempre que salimos a campaña, hemos estado alejados de las mujeres. Y aunque este es un viaje ordinario, ya mis hombres estaban limpios cuando salimos, así que con más razón lo han de estar ahora. Entonces el sacerdote le entregó el pan consagrado, pues allí no había más que los panes que se consagran al Señor y que ese mismo día se habían quitado del altar, para poner en su lugar pan caliente.

No cabe duda que su poesía y oraciones sobresalen. También podemos aprender de su capacidad para enfrentar el disgusto que sintió cuando Dios le prohibió construir el templo (2 Samuel 7.7-13). En 1 Crónicas 22.6-10a se describe la historia con las propias palabras de David al aconsejar a su hijo Salomón:

Luego llamó a su hijo Salomón, y le encargó que construyera el templo del Señor, Dios de Israel, diciéndole: "Hijo mío, yo tenía el propósito de construir un templo para el Señor, mi Dios. Pero el Señor me ha dicho: 'He visto que tú has derramado mucha sangre y has hecho muchas guerras; por eso no eres tú quien va a construirme un templo. Pero tendrás un hijo que será un hombre pacífico; y además yo haré que sus enemigos por todas partes lo dejen en paz. Por eso se llamará Salomón. En su tiempo concederé paz y tranquilidad a Israel. Él me construirá un templo. Él me será un hijo y yo le seré un padre, y afirmaré su reino en Israel para siempre.' "

David fue un hombre de acción. Muchas veces actuó sin pensar, impulsado por sus sentimientos en vez de hacerlo de acuerdo a su buen juicio o a las enseñanzas de su fe. En la Biblia, especialmente en las Escrituras Hebreas o Antiguo Testamento, aparecen varias figuras que son maestros, entre los que podríamos citar a Moisés y a los profetas. Sus palabras son significativas y dignas de ser recordadas y sus ejemplos dignos de ser emulados. David, al igual que algunos de esos maestros nos enseña por medio de sus acciones. Necesitamos examinar brevemente algunos de estos incidentes en 1 y 2 Samuel y 1 Reyes, y aprender de lo que allí se narra.

Parte de nuestra frustración con David se debe a los serios errores que cometió a pesar de haber sido grandemente bendecido por

Dios con habilidades y talentos. Las reacciones de Saúl hacia David son muy parecidas a nuestras reacciones hacia aquellos que, en un grupo, sobresalen. La relación de Saúl con David fue una clásica relación de amor y odio a la vez. Saúl no podía evitar el sentirse atraído hacia la personalidad de David. La música del joven era tranquilizadora y ayudaba al rey a relajarse (1 Samuel 16.14-22). La agresividad de David en la batalla ayudó al rey a mantener ventaja sobre los problemáticos filisteos. A pesar de eso Saúl no podía controlar sus celos. El apasionante jovencito recibía demasiada atención. Las mujeres se sentían demasiado atraídas por David. 1 Samuel 18.6-9 nos relata la historia completa de Saúl y David:

> Cuando las tropas regresaron después que David mató al filisteo, de todas las ciudades de Israel salieron mujeres a recibir al rey Saúl cantando y bailando alegremente con panderos y platillos. Y mientras cantaban y bailaban, las mujeres repetían:
> "Mil hombres mató Saúl,
> y diez mil mató David."
> Esto le molestó mucho a Saúl, y muy enojado dijo:
> —A David le atribuyen la muerte de diez mil hombres, y a mí únicamente la de mil. ¡Ya solo falta que lo hagan rey!
> A partir de entonces, Saúl miraba a David con recelo.

De acuerdo con los versículos 10 y 11, fue al día siguiente que Saúl trató de matar a David.

¿Cuán a menudo vemos celos hacia los que son jóvenes? Lo vemos en todas las áreas de la vida: en el atletismo, el teatro, los negocios, y en las labores comunes. Ciertamente lo vemos también en la iglesia. Mi padre fue un electricista de una extensa fábrica. Generalmente orientaba y motivaba a los jóvenes; pero a veces la administración traía algunos jóvenes, que a menudo eran ingenieros eléctricos adiestrados, quizá en la universidad. Muchas veces mi padre expresaba su frustración cuando el jefe aceptaba el consejo de esos educados pero inexpertos ingenieros, en vez de aceptar sus recomendaciones. En esas ocasiones, él solía decir: "Yo he olvidado más que lo que ellos van a llegar a saber."

Algo parecido fue la experiencia de Saúl con David. A pesar de sus victorias y logros como primer rey de Judá, su prestigio comenzó a ser eclipsado por David. Era como un joven pastor asociado recibiendo la atención y elogios una vez reservados para el pastor principal de más edad. Cuando las mujeres salieron a rendir honor al rey pero rindieron mayor pleitesía a su joven líder en desarrollo, eso era más de lo que Saúl podía soportar.

Sin embargo, David no eclipsó a Saúl deliberadamente. Él no fomentó intencionalmente los comentarios y elogios. Tampoco, en ningún momento, perdió su respeto por Saúl. Se mantuvo siempre leal al rey que había sido su consejero y amigo. Como ya se ha dicho, David arriesgadamente le perdonó la vida a Saúl. David pudo cortar un pedazo del manto de Saúl, quien había sido sorprendido en un momento embarazoso (1 Samuel 24.1-3). Aunque el rey lo consideraba su enemigo, David se sintió mal en deshonrar al rey. Dio voces a Saúl, a quien había dejado escapar, diciendo: "¡Majestad, Majestad!" Entonces David inclinó su rostro e hizo reverencia (1 Samuel 24.8). Aquí como en muchas otras situaciones David nos modela una lección que haríamos bien en aprender. Debemos honrar a aquellos que han ido delante de nosotros pavimentando el camino. Especialmente necesitamos recordar a quienes han influido directamente en nosotros y nos han servido de guía en el camino. El respeto por los antepasados es una cualidad importante para cualquiera que es o aspira a ser líder.

En muchos sentidos David fue verdaderamente un "héroe de acción". Raramente leemos que vaciló al obrar. Quizá un escritor menos predispuesto habría descrito a David como impetuoso y arrogante. Saúl no fue el único con quien David tuvo dificultades. El hecho de que haya tenido dificultades con sus propios hijos indica sin lugar a duda que a menudo fue arrogante en presencia de ellos. Pero las proezas de David se recuerdan debido a su espíritu de acción. Si hubiera sido más sosegado no habría sobrevivido. Aun cuando su amistad con Jonatán le permitió escapar a la ira de Saúl, algunas de sus espeluznantes batallas no habrían sido tan exitosas. Además, un hombre más cauteloso habría sido sorprendido en su engaño a Urías.

Sin embargo, el lado negativo de ser un hombre de acción es que fácilmente puede sobrepasarse. Algunas veces David "se pasó de la línea." Ejemplos de esto son la violación de la ley sagrada concerniente al pan sagrado y el romance con Betsabé, ejemplos típicos de su impulsividad. A menudo su juicio y su conducta no fueron buenos. Debe haber sido estimulante estar cerca de David, aunque algunas veces sería bochornoso y hasta detestable. En ciertos aspectos él era más interesante que genuinamente atractivo; pero hay pocas dudas de que fue uno de los héroes y líderes de Israel más pintorescos. La estabilidad y la seguridad de la monarquía eran críticas para la sobrevivencia de todo Israel. Saúl no fue la persona óptima para esa tarea que requería un hombre con las habilidades y talentos de David y quizá hasta con su impetuosidad y su atrevimiento.

La época en que David vivió y sirvió fue una de grandes transiciones. Tremendos cambios sociales estaban ocurriendo. Saúl había servido como el primer rey de una nación recién desarrollada. El pueblo hebreo todavía estaba atravesando por el proceso de dejar atrás su estado de sociedad compuesta por doce grupos tribales o familias gobernadas por jueces y guiadas por valores religiosos y directivas sacerdotales. Una estructura más unificada, como la monarquía, era una nueva y significativa experiencia. Hoy, a principios del siglo XXI, ciertos países alrededor del mundo han estado atravesando cambios similares. Inequívocamente, cambios en la forma de gobierno han afectado muchos países en Europa, África y Asia, y en cierto grado, América Latina también. Quizá las historias de David tienen gran relevancia para la gente de estos lugares y estos tiempos.

Aunque el enfoque de nuestro estudio de David es sobre las cualidades y características de liderazgo presentes en él, sería útil tomar en cuenta de una manera más amplia los factores sociales bajo los cuales David vivió. Un factor que impone limitaciones a muchos líderes, ya sea en la iglesia o en cualquier otra arena, es la falta de flexibilidad. Algunos son líderes excelentes en ciertas situaciones; pero cuando las circunstancias cambian, si no pueden adaptarse y cambiar sus estilos de liderato, dejan de ser efectivos. Verdaderamente para muchos de los que funcionan de esta manera, su liderato pierde efectividad y conduce a su propia frustración y a la de los demás. Esto, por supuesto, es lo que sucedió al rey Saúl. David, por su parte tenía a su disposición una variedad de estilos de liderato. Él pudo darse cuenta de lo que era necesario en un momento o situación dados, y como producto de su flexibilidad pudo proveer el liderato necesario para estabilizar la monarquía y asentar la plataforma para el próximo nivel de liderato y logros alcanzados por su hijo Salomón.

Ya sea que la persona sea un líder del gobierno, un pastor, un líder en los negocios, o en el núcleo familiar, le será muy provechoso el tener a su disposición una variedad de recursos y habilidades. La flexibilidad resulta de gran utilidad, siempre y cuando no sea flojera disfrazada. La flexibilidad en el liderato implica la habilidad para evaluar una situación dada y tratarla de forma adecuada. La flexibilidad en el liderato demanda cierto grado de sabiduría y experiencia.

Esta es una de las grandes lecciones que podemos aprender de la historia de David y Goliat. David adaptó las herramientas y recursos que tenía a mano, las cuales él dominaba con maestría, a lo que era necesario en ese momento. La historia es simbólica de lo que estaba sucediendo en el orden social. El sistema de mano dura e inflexible de Saúl se estaba tornando demasiado agobiante. Los grandes problemas que comenzaban a levantarse y a retar a la monarquía eran demasiado difíciles de manejar para el sistema. Se necesitaba otro enfoque y tratamiento, aunque éste fuera tan diferente que pareciera irrisorio. Así que David, poniendo a un lado la armadura pesada, sacó su honda de pastor y seleccionó cuidadosamente la piedra del tamaño adecuado. Los soldados de Saúl y aun los propios hermanos de David observaban ansiosamente y con miedo. El gigante y su ejército se reían y se burlaban de David y del ejército de Saúl; pero David mató al gigante usando la herramienta apropiada, la tecnología correcta para la situación. Con certeza hay historias e incidentes simbólicos en nuestras vidas y comunidades que nos comunican lo mismo, como dice la canción popular de la década de los sesenta: "Los tiempos, ellos están cambiando."

Quizá aun más importante que la flexibilidad es la habilidad de concentrarse en el resultado o desenlace deseado. Muy a menudo los líderes están más preocupados por proteger o extender su papel como líderes que por usar su posición para lograr algo que beneficie al grupo más amplio, ya sea el país, la iglesia, o la familia. La tentación es común y los funcionarios electos la enfrentan con frecuencia. Otros que ocupan cargos administrativos o de negocios también son tentados. Les sucede a los pastores cuando se encuentran cómodos, y en ocasiones en congregaciones que les pagan bien. La apariencia de la tentación es a veces sutil. Nos atrapa antes de que podamos darnos cuenta. De pronto el ojo está fijo en la supervivencia, en mantenerse en la posición, en lugar de lo que uno puede o debe hacer en servicio por los demás.

Por lo general, tenemos la tendencia a leer las historias de David por separado: la historia de Goliat, la de Betsabé, la de su amistad con Jonatán y otras. Sin embargo, en este ensayo se nos insta a considerar la historia completa. Ver a David retratado de diferentes maneras puede ayudarnos a adquirir una nueva imagen de él. Mirando el cuadro completo podríamos descubrir y aprender detalles que nos ayudarían a identificar o a desarrollar los dones de liderato que poseemos.

Tenemos la inclinación de esquematizarnos a nosotros mismos o a otros. Nos vemos, a nosotros mismos o a otros, solamente de cierta manera. Vemos lo que sucede o cómo funcionamos en determinadas circunstancias o en una situación en particular, y el grabar esta imagen nos impide ver cómo la misma persona puede hacer igualmente otras cosas adicionales.

Recientemente estuve hablando con un grupo de pastores acerca de los estudiantes universitarios de sus congregaciones. Muchas personas podrían ser pasadas por alto debido a que hoy día algunos van a la universidad un poco más tarde en su vida. Como pastor de un campo universitario veo personas que son estudiantes y que están activos en esas congregaciones. Pero su pastor los conoce o reconoce en su papel más convencional, como padres o madres, bomberos, o secretarios. A veces necesitamos una nueva perspectiva para que podamos ver y usar las habilidades y recursos que las personas tienen para ofrecer.

Al mirar a nuestras propias vidas tenemos que hacerlo con una perspectiva más amplia. Somos el resultado de todas nuestras

David Pastor y rey

experiencias. Hemos aprendido y nos hemos desarrollado como producto de una variedad de cosas que nos han sucedido en nuestras vidas. Muchas personas han contribuido a nuestra formación. A lo largo del camino hemos atravesado experiencias penosas y fracasos. Hemos hecho cosas de las que probablemente no estamos orgullosos. Por otra parte hemos hecho algunas otras y hemos representado papeles que han sido significativos y dignos de destacar. Ni lo positivo ni lo negativo sobresalen en gran escala; pero han sido importantes en cierto momento y todavía lo son para nosotros y para todos los que estuvieron involucrados. Lo verdaderamente importante es nuestra posibilidad de aprender de esas experiencias, ¡y debemos hacerlo!

Mientras que hemos sido entrenados y condicionados a hacer las cosas de cierta manera, pueden haber existido situaciones en las que no seguimos las huellas y actuamos de diferente manera de lo que se esperaba. Puede ser que nos hayamos quitado el peso abrumador de la armadura tradicional y en su lugar hayamos usado una honda. Al hacerlo, hemos descubierto que nuevas formas de hacer las cosas pueden funcionar. Encontramos recursos que no siempre tienen que ser grandes e impresionantes. Puede ser que no se requiera una contribución importante para poner en marcha un ministerio que rompa las muelas al gigante problema de ayudar a la gente a adaptarse a un nuevo lenguaje o cultura, o a tratar con el sistema de asistencia pública. La piedra del tamaño apropiado, cuidadosamente seleccionada, lanzada en el momento oportuno y al blanco preciso, puede detener a muchos gigantes en sus carreras.

¡Qué persona tan cautivadora fue David! Era un hombre con los pies en la tierra. A veces era muy tosco en sus maneras, desagradable en su enfoque, e igualmente descortés en su discurso. Él podía ser cruel y brutal en la batalla. Fue agresivo y a veces dominante. A veces estaba simplemente fuera de control y se excedía. No era sólo confiado sino que en ocasiones era demasiado confiado. Podía ser engreído y aun arrogante. Quizá alcanzó las alturas del éxito demasiado pronto y fue puesto en prominencia muy temprano. Era inmaduro y en cierta forma actuaba como un adolescente, mucho después de ser adulto. Si prestamos atención a los relatos de algunos de sus hijos, parecería que de ningún modo fue un buen padre. A pesar de que las culturas de su tiempo y el nuestro son radicalmente diferentes en muchos sentidos, estudiar a David y su hogar nos proporciona cierto entendimiento de los problemas que confrontan muchas de nuestras familias multiculturales y multiraciales.

David era engañoso y artificioso. Era un maquinador. Quería salirse con la suya y parecía actuar como si el mundo o Dios le debieran algo. Afortunadamente su actitud hacia Dios mejoró. En 1 Reyes 9.4-5, Dios le habló a Salomón y le dijo:

> "Ahora bien, si tú te comportas en mi presencia como lo hizo David, tu padre, con un corazón intachable y recto, poniendo en práctica todo lo que te he ordenado y obedeciendo mis leyes y decretos, yo confirmaré para siempre tu reinado en Israel, como se lo prometí a David, tu padre, cuando le dije que nunca faltaría un descendiente suyo en el trono de Israel."

Obviamente, había más en David que las cualidades negativas y antipáticas que se evidenciaban a veces en su conducta. Y con toda seguridad se suavizó con la edad, como muchos conocemos. Debemos mencionar el lado positivo de su naturaleza y habilidad.

Existe considerable evidencia de que David era gentil. Fue músico y poeta talentoso. Era capaz de experimentar profunda compasión como se muestra en su relación con Saúl y su extenso cuidado de Mefi-bóset el minusválido hijo de Jonatán. Era perceptivo y a menudo sensitivo. Con los problemas con sus hijos y esposas, se veía que David los amaba. Tenía la capacidad de amar con la misma intensidad y pasión que tenía por la acción en la batalla.

Es también importante advertir que David no solamente fue pastor y rey. Fue un guerrero y en cierto momento hasta un proscrito por la ley. Fue amante, músico y poeta. Fue un asesino y la vez un hombre que temía y amaba a Dios. Fue un adorador devoto que respetaba los instrumentos y decretos de la adoración. David tenía la misma habilidad para dirigir a un grupo pequeño que a un ejército completo o a una nación. Era un estratega, un planeador urbano, un político y un organizador. Aunque se le prohibió construir el templo, él cuidadosamente colectó los materiales y preparó los planos necesarios para que el joven Salomón pudiera construirlo. 1 Crónicas 22.2-5 nos hace el relato.

> *David mandó que se reunieran los extranjeros que vivían en Israel, y nombró canteros para que labraran la piedra para la construcción del templo de Dios. Además preparó hierro en abundancia para los clavos de las puertas y para las grapas; también una inmensa cantidad de bronce, y madera de cedro en cantidad incalculable, porque los habitantes de Sidón y de Tiro le habían traído mucha madera de cedro.*
>
> *David pensaba: "Mi hijo Salomón es todavía un muchacho de tierna edad, y el templo que hay que construir para el Señor tiene que ser el más grande, famoso y bello de todo el mundo; así que le dejaré todo preparado."*
>
> *Por eso David hizo grandes preparativos antes de morir.*

Hemos constatado un número de lecciones que pueden ser aprendidas de David y de las historias de su vida. Un vistazo a su vida en general, nos ofrece mucho en materia de liderazgo para ser estudiado. Pero hay tres características de este pastor que se convirtió en rey que sobresalen por encima de las demás. Quizá su más importante cualidad era su habilidad para aceptar críticas, especialmente cuando eran más amargamente ciertas y precisas. Hay dos ejemplos que muestran esta cualidad admirable, la cual uno no esperaría encontrar en él, dado todo lo que hemos aprendido acerca de su vida: De vez en cuando, sus funcionarios se sentían temerosos de llevarle malas noticias al soldado-rey temiéndole al precio que podrían pagar por darle a conocer una noticia desagradable. Pero David pudo escuchar la palabra de juicio señalándolo como uno que había derramado mucha sangre para que se le permitiera construirle un templo al Señor. A diferencia de otros, como Moisés, David no discutió con Dios. No imploró, no regateó, no le pidió a Dios que reconsiderara su posición basándose en otros factores o calificaciones. El juicio fue verdadero y David aceptó las consecuencias. Esto es muy significativo cuando tenemos en cuenta que el mayor sueño de David y la meta de su vida era construirle un templo magnificente a Dios, que fuera morada del Arca del Pacto, por la cual él había luchado tan valientemente para proteger y preservar. David mostró lo mejor de sí mismo cuando Natán lo acusó de la muerte de Urías el hitita para tomar a Betsabé como su esposa. La historia completa se nos relata en 2 Samuel 12. Muchos líderes habrían encarado a Natán, primero por tenderle la trampa de fingir que hablaba de otra persona, para luego señalarlo con el dedo de juicio y acusación y decirle: "¡Tú eres ese hombre!" Cualquiera habría sido despedido, atacado, castigado de muchas maneras por haber acusado a su jefe, padre, o pastor. Pero David sabía que lo que había hecho era terriblemente inapropiado. Reconoció que el juicio de Dios sobre el asunto era equitativo, justo y que Natán era un mensajero legítimo de Dios.

Una segunda cualidad significativa de David era su habilidad para sentir y expresar gratitud. Siempre se acordó de aquellos que lo habían tratado como a un amigo y lo habían ayudado a lo largo del camino. David expresaba su gratitud de una forma significativa que no dejaba lugar a dudas acerca de su agradecimiento. Muchos que alcanzan posiciones de prominencia en algún aspecto de la vida se olvidan de aquellos que hicieron posible tal logro. Pero este no fue el caso de David. Su tratamiento, lealtad sin fin y respeto por Saúl son dignos de mención. Cuando examinamos todo lo que Saúl hizo para causarle daño, desacreditarlo y aun tratar de matarlo, es casi increíble que David arriesgara su credibilidad al perdonarle la vida al rey Saúl y que entonces se inclinara ante él en señal de honor y respeto (1 Samuel 24.1-8).

Tal vez igualmente sobresaliente fue el cuidado que le brindó a Mefi-bóset, el hijo de Jonatán. Mientras que muchos asumirían el papel de amigo o padrino del hijo de un amigo cercano, David fue más allá. Debido al respeto y aprecio que había sentido por Jonatán, además de la promesa que le había hecho, David nuevamente rompió las costumbres sociales e hizo al joven incapacitado miembro activo y visible de su grupo familiar y de la corte. No actuó simplemente como un padrino, sino que se convirtió en su padre adoptivo.

La tercera cualidad que sobresale en el carácter de David es su compasión. Su reacción ante la muerte de su hijo Absalón es simplemente una de las historias más conmovedoras del Antiguo Testamento, plena de angustia paternal. Nuevamente el pesar por las consecuencias de su pecado y su consuelo de Betsabé reflejan su compasión. Su habilidad para perdonar a Saúl y mantenerle la vida en dos ocasiones (1 Samuel 24.1-8; 26.1-25) también demuestra una asombrosa compasión en una persona de su estatus, en el contexto de los valores culturales de la época. Su habilidad de sentir y mostrar compasión se evidencia también cuando Abigail, la esposa del rico Nabal, viene ante él abogando por la vida de su esposo quien se ha comportado muy rudamente con el rey y su gente (1 Samuel 25.2-35).

Conclusión

Hay mucho que decir acerca de David; pero mucho más importante es lo que podemos aprender de él. Sin duda, fue un hombre de acción, y un hombre de fibra y energía dotado de muchas habilidades. Era guapo, podía danzar, tocar un instrumento musical, cantar, y escribir poesía. Era perceptivo y sagaz, hombre apasionado, amante en el mejor sentido terrenal de la palabra, pero a la vez era amante de la belleza, y por encima de todo amaba a Dios. David fue un hombre de su tiempo y para su tiempo y en él, como hemos señalado, sobresalen su habilidad para aceptar la crítica, sentir y expresar gratitud, y mostrar compasión.

Seamos agradecidos por el legado de David, pastor y rey.

Temas para reflexión y/o discusión

1. Enumera y discute algunas de las características que sobresalen en David como ser humano.

2. ¿Cuáles características sobresalen en su función como líder de Israel?

3. ¿Cuáles acontecimientos en la vida de David impactan tu rol como líder?

Esdras

Un líder que se reencontró con su pueblo

Lecturas bíblicas recomendadas: Esdras 7–10; Nehemías 8,9

Introducción

Esdras, cuyo nombre significa "ayuda de Dios", fue uno de los líderes más sobresalientes en la historia de Israel; sin embargo, muy poco sabemos de su vida y ministerio. Al igual que Nehemías, Esdras pertenece al período postexílico, es decir, los años que siguen al retorno de los judíos a Judá tras cinco décadas de destierro forzoso en Babilonia. En estas páginas reseñamos su contribución a la vida social y espiritual de su nación en tiempos sumamente difíciles e inciertos, así como los rasgos más notables de su liderazgo. La tarea no es fácil debido a que los únicos documentos bíblicos que nos hablan de Esdras (cuatro capítulos de Esdras y dos de Nehemías) se limitan a un par de episodios de gestión. El formidable legado de Esdras, el escriba, se infiere de varias tradiciones muy antiguas y del carácter legendario que adquirió en Israel, como lo atestigua el hecho de que la comunidad judía lo siga considerando "un segundo Moisés."

Contexto histórico y social

Veamos primero el contexto histórico dentro del cual Esdras ejerció su ministerio. El destierro de los judíos a Babilonia (del 597 al 586 a.C.) y su retorno a Judá (a partir del 538 a.C.) abren y cierran, respectivamente, una de las etapas más traumáticas en la vida de ese reino. A pesar de su tamaño, relativamente insignificante con respecto a las superpotencias del Medio Oriente de la época, Judá había encontrado la manera de sobrevivir como reino independiente, pero durante la monarquía de Josías cometió una serie de errores diplomáticos, como el tratar de desestabilizar una creciente alianza egipcio-caldea con la esperanza de que una eventual derrota caldea habría de favorecerla. Los planes de Judá no salieron como lo había anticipado y tuvo que pagar muy cara su osadía. En el año 586 a.C., los ejércitos caldeos y asirios al mando del temible Nabucodonosor arrasaron a Jerusalén, la capital del reino. Fue el principio de un fin que se prolongó agónicamente por varios años. El colapso militar de Jerusalén precipitó la desintegración de Judá. Muchos perecieron. A los ciudadanos más destacados, adinerados e influyentes se les deportó en cadenas a Babilonia, "del otro lado del río Eufrates". Al resto de la población, mayormente campesinos sin tierras, se les abandonó a su propia suerte. Los invasores regresaron una y otra vez y no dejaron piedra sobre piedra: ni murallas, ni edificios, ni siquiera el magnífico templo que Salomón le había edificado a Dios. Las tropas extranjeras, voraz plaga de langostas, también se llevaron los tesoros y los utensilios rituales del templo, sin los cuales no se podía ofrecer holocaustos agradables al Señor. Todo cuanto quedó de la antigua gloria de Judá y su ciudad santa fue la nostalgia de un pasado dorado en el corazón de los desterrados, quienes poco a poco perdieron la esperanza de retornar a su patria. El Salmo 137 da testimonio de ese dolor desgarrador:

> Sentados junto a los ríos de Babilonia,
> llorábamos al acordarnos de Sión.
> En los álamos que hay en la ciudad
> colgábamos nuestras arpas.

Allí, los que nos habían llevado cautivos,
los que todo nos lo habían arrebatado,
nos pedían que cantáramos con alegría;
¡que les cantáramos canciones de Sión!

¿Cantar nosotros canciones del Señor en tierra extraña?
Salmo 137.1-4

Muchos de nosotros hemos experimentado sentimientos similares al alejarnos, quizás para siempre, de nuestra madre patria debido tanto a persecuciones políticas y guerras civiles como a la falta de oportunidades. Por eso podemos captar de inmediato el desaliento de los desterrados que debieron recomenzar sus vidas en un medioambiente tan extraño como hostil. ¿No nos hemos preguntado, más de una vez: "¿Cómo cantaremos un cántico del Señor en tierra de extraños?" A fin de comprender cabalmente el llamado y el ministerio de Esdras, debemos entender la manera en que los desterrados explicaron teológicamente la caída de su reino y el cautiverio babilónico. Desde la perspectiva providencialista del cronista, el cautiverio fue el castigo que Dios le proporcionó a su pueblo elegido debido a su desobediencia; los asirios y caldeos fueron los mediadores de ese castigo, y el exilio, la mejor medicina para purgar sus pecados. Muchos años más tarde, apenas llegado a Judá, en su oración penitencial Esdras articula públicamente esa convicción teológica:

> *Desde hace mucho tiempo y hasta ahora, hemos vivido*
> *en grave pecado. Por causa de nuestras maldades, tanto*
> *nosotros como nuestros reyes y sacerdotes hemos sido entre-*
> *gados al poder de los reyes de otros países. Hemos sido heri-*
> *dos, desterrados, saqueados y despreciados, y en esa misma*
> *situación estamos ahora. Pero también ahora, Señor y Dios*
> *nuestro, tu bondad ha hecho posible que un grupo de*
> *nosotros quede en libertad y que se nos conceda establecer*
> *nuestro hogar en tierra santa; tú has dado nueva luz a nues-*
> *tros ojos, nos has dado un pequeño respiro en medio de nues-*
> *tra esclavitud.* Esdras 9.7,8

Con el paso del tiempo, los exiliados en Babilonia se fueron asimilando a las costumbres y aun al idioma de sus opresores. Por mucho que haya podido pesarles, Babilonia era ahora su nuevo "hogar"; allí aprendieron a hablar el arameo y a funcionar socialmente como los dueños de casa. ¿Qué alternativa les quedaba? Aun si hubiesen podido regresar, ¿qué hubiesen encontrado?

Veinticinco siglos más tarde, también nosotros experimentamos hoy el diario dilema de preservar nuestras tradiciones y nuestra lengua en una tierra extraña. ¿Cuánta asimilación y aculturación son aceptables?, nos preguntamos ansiosamente. ¿Hasta cuándo podremos recitar nuestro padrenuestro en español? ¿Cómo podemos resolver nuestras tensiones generacionales cuando unos se asimilan a la cultura mayoritaria sin cuestionárselo y otros se aferran al estilo de vida, de culto y de servicio que aprendimos en nuestros países de origen o en hogares hispanos aquí en los Estados Unidos? ¿Qué motivación tenemos, por otra parte, para sentirnos identificados con las ambiciones políticas de una nación que a menudo ha sido factor de fricción y abuso en nuestras sociedades de origen? Imaginamos que Esdras pudo haber experimentado en carne propia algunos de estos dilemas. Aunque nacido en el seno de una familia judía, seguramente asistió a una escuelita babilónica, donde nadie le enseñó a recitar la *Shema* sino a conjugar verbos en arameo (¡el mismo lenguaje que varios siglos más tarde hablaría Jesús!). Imaginamos que sus padres le insistieron que practicara el hebreo, que tomara muy en serio la lectura de la Tora (la Ley de Dios) y la celebración del día del Señor y que nunca, por ninguna razón, dejara de soñar con el retorno a la Tierra Prometida. Esdras no pudo asistir al templo porque en Babilonia simplemente no los había, a excepción de los santuarios de Marduk, la divinidad caldea. A los exiliados judíos no se les permitió edificar templos porque entonces se creía que el templo era la residencia de los dioses. ¡Los caldeos no tenían ningún interés en que el dios rival de los judíos residiera en un barrio babilónico! Por supuesto, los exiliados no se cruzaron de brazos, pues a falta de templo frecuentaron la sinagoga, donde podían escudriñar las Escrituras, celebrar su fe y cultivar amistades. Es muy probable que desde su infancia Esdras haya pasado horas reveladoras e inspiradoras en la sinagoga del vecindario, familiarizándose con los mandamientos y la historia de su comunidad, y madurando como escriba. Cuando sus compatriotas reconocieron su talento e integridad, le confiaron una misión muy importante.

El llamado de Esdras

Como escriba, Esdras estudió la Ley de Dios para interpretársela a su comunidad. La Ley, tal como se la encontraba en el Pentateuco, articulaba la voluntad de Dios revelada a través de generaciones. Sus mandamientos resumían grandes principios y verdades; sus incontables ordenanzas, decretos, preceptos y regulaciones garantizaban el buen funcionamiento cotidiano de la comunidad. Poco a poco, la comunidad judía en el exilio fue supliendo la ausencia del templo y sus rituales con un creciente interés en la enseñanza de la Ley. Prácticamente desapareció la orden sacerdotal, mientras que el número de escribas aumentó considerablemente. La institución de la sinagoga adquirió entre los exiliados una relevancia hasta entonces insospechada, lo cual explica su popularización con el retorno a Judá y, a partir de entonces, su difusión dondequiera que hubieran comunidades judías (la "diáspora"). ¿Podemos imaginar a Jesús de Nazaret desconectado de la sinagoga de su aldea? ¿Y a los primeros cristianos, muchos de los cuales proclamaron o conocieron el evangelio en una sinagoga? A Esdras, el escriba y funcionario de la corte persa (quizás a cargo de asuntos judíos), se le confió la restauración espiritual y ética de Judá tras el retorno del exilio. Como es de imaginar, no se trataba de una tarea fácil, pero Esdras estaba muy bien capacitado para el desafío:

> Contando Esdras con la bondadosa ayuda de Dios, inició el regreso de Babilonia el día primero del mes primero del séptimo año del reinado de Artajerjes, y llegó a Jerusalén el día primero del mes quinto de ese mismo año. Y Esdras tenía el firme propósito de estudiar y de poner en práctica la ley del Señor, y de enseñar a los israelitas sus leyes y decretos.
> Esdras 7.8-10

Esdras descendía del sacerdote Aarón, lo cual en principio pudo haberle otorgado suficiente credibilidad como para ocuparse de las necesidades culturales y rituales de su comunidad. Ahora bien, ¿qué garantía pudo tener Esdras de que sus servicios en Jerusalén serían debidamente reconocidos por una comunidad local cuya identidad y conducta dejaban mucho que desear? ¿Qué futuro podía esperarle entre los repatriados de Judá, muchos de los cuales habían arribado a Judá una o dos generaciones antes, probablemente con Nehemías? Finalmente, ¿le convenía renunciar a su posición en Babilonia, donde parecía tener el futuro asegurado? El desafío y el líder, instrumento de Dios, se encontraron cara a cara, y Esdras el escriba resolvió su dilema existencial. A pesar de sus ambivalencias, de su biculturalidad y de cierto grado de asimilación al estilo de vida babilónico, Esdras afirmó su herencia étnica y espiritual y regresó a Judá para servir a los repatriados. No viajó con las manos vacías, pues les llevó una ofrenda muy especial para asegurar la continuidad de la construcción del templo y también los utensilios rituales que los caldeos habían saqueado. Leamos:

> *"Pero los utensilios que se te han entregado para el culto en el templo de tu Dios, entrégalos tú mismo al Dios de Jerusalén.*
>
> *"Cualquier otra cosa que debas proporcionar para el templo de tu Dios, puedes conseguirla en los almacenes reales.*

> • • •
>
> *"Todo lo que pida el Dios del cielo para su templo, deber ser entregado rápidamente.*
>
> • • •
>
> *"En cuanto a ti, Esdras, de acuerdo con los conocimientos que tu Dios te ha dado, nombra jueces y gobernantes que hagan justicia a toda la gente de la provincia al oeste del Río Éufrates, o sea, a todos los que conocen la ley de tu Dios; y a los que no la conozcan, enséñasela."* Esdras 7.19, 20, 23a, 25

Esdras y un contingente de 1,500 exiliados partieron de Babilonia con destino a Jerusalén. Muchos otros habían regresado ya a partir del colapso babilónico a manos de los persas, quienes habían promovido una política de fronteras abiertas. Sin embargo, fue la llegada de Esdras lo que habría de iniciar o consolidar el proceso de restauración espiritual y ético de Judá durante el período postexílico. Esdras estuvo consciente de su doble lealtad—a Judá, por un lado y al imperio persa, por el otro—y nunca pretendió ignorar que su gente aún vivía en "servidumbre." De todas maneras siguió adelante y compartió con los suyos la certidumbre de que Dios los había protegido y que seguiría protegiéndolos por siempre jamás:

> *Aunque somos esclavos, no nos has abandonado en nuestra esclavitud; nos has mostrado tu bondad ante los reyes de Persia, nos has concedido vida para reconstruir tu templo de entre sus ruinas, ¡nos has dado protección en Judá y Jerusalén!* Esdras 9.9

A pesar de las arduas limitaciones que la dependencia política imponía sobre Judá, Esdras prefirió esa opción al exilio perpetuo. Esdras suena conformista, pero debemos recordar su amarga memoria del cautiverio en Babilonia. De no haber sido por los persas, que derrocaron a los asirios y caldeos, sugiere Esdras, difícilmente los judíos podrían haber retornado a Judá. Fiel a su perspectiva teológica, el cronista que hilvana el relato no pudo sino expresar cierta simpatía para con los persas, pues fueron ellos los que acabaron con la prepotencia asirio-caldea y facilitaron una apertura política, social y religiosa para los exiliados judíos. Según el cronista, los persas fueron tan instrumento de Dios en esa nueva etapa de restauración como lo habían sido antes los caldeos y asirios durante la etapa del destierro y la cautividad. No obstante su aparente conformismo y sus obvias lealtades al imperio, Esdras instó a sus compatriotas en Judá a expandir y aun crear nuevos espacios y oportunidades de autonomía y dignidad. Ya hemos comentado que el retorno de los exiliados representó simbólicamente el perdón misericordioso de Dios. ¡Nuevamente podían ofrecer holocaustos a Dios sobre el altar de su templo y pasearse libremente por sus patios majestuosos! No importaba cuánto se fastidiaran sus vecinos, ¿quién podía poner en duda que Judá estaba renaciendo como el ave fénix, como lo había profetizado Zacarías unos años antes cuando los samaritanos y otros vecinos habían procurado descarrilar la reconstrucción de la ciudad santa y su templo?

> *"¡Canten de alegría, habitantes de Jerusalén, porque yo vengo a vivir entre ustedes!" Cuando esto suceda, muchas naciones se unirán al Señor. Y él dirá: "También estas naciones serán pueblo mío. Y yo viviré entonces entre ustedes."*

*Así comprenderán ustedes que el Señor todopoderoso me ha
enviado. El Señor tomará nuevamente a Judá como su posesión especial en la tierra santa, y proclamará de nuevo a
Jerusalén como su ciudad elegida.*

*¡Que todo el mundo guarde silencio ante el Señor, pues él
viene a nosotros desde el santo lugar donde habita!*
Zacarías 2.10-13

Esdras y los demás exiliados que regresaron con él reforzaron, de
alguna manera, esa conciencia de perdón y restauración. Cuánto
tiempo permaneció Esdras en Judá, no lo sabemos; tampoco
sabemos si regresó a Babilonia, y menos aún si pudo llevar a
cabo todo lo que se había propuesto o le habían encargado. Lo
que sí sabemos es que jugó un papel muy importante, quizás
decisivo, en la restauración espiritual de su nación.

Esdras y la reforma religiosa de Judá

Simbólicamente, dicha restauración giró en torno a la lectura
pública de la Ley, cuando el pueblo se reunió "como un solo
hombre" en la plaza principal para que Esdras les leyera la Ley
que Dios les había dado a través de sus antepasados. ¿Podemos
visualizar ese momento conmovedor que se relata en Nehemías 8?
Intentémoslo:

*El maestro Esdras estaba de pie sobre una tribuna de
madera construida para ese fin.... Entonces Esdras abrió el
libro a la vista de todo el pueblo, ya que se le podía ver por
encima de todos; y al abrirlo, todo el mundo se puso de pie.
Entonces Esdras alabó al Señor, el Dios todopoderoso, y todo
el pueblo, con los brazos en alto, respondió: "Amén, amén."
Luego se inclinaron hasta tocar el suelo con la frente, y adoraron al Señor.* Nehemías. 8.4-6

Esdras les leyó la Ley durante una semana, probablemente una
alusión a un extenso período de enseñanza e interpretación asociado con su presencia en la ciudad santa. ¿Cómo describir el impacto
que dicha lectura pública, o el proceso que la misma sugiere, pudo
haber tenido sobre los repatriados de Judá? ¿Podían imaginar los
más jóvenes allí reunidos que eran herederos de semejante tesoro?
Y los veteranos que habían padecido la amargura del exilio,

¿cuándo había sido la última vez que se habían congregado libremente para escuchar la proclamación de la Palabra de Dios? ¿Acaso no habían dado por perdidos los rollos de la Ley? Después de tantos años de desarraigo y asimilación, ¿cuántos de ellos estaban en condiciones de reconocer esas solemnes palabras como la mismísima voz de Dios? Tan sólo un escriba enamorado de la Palabra podía ofrecerles tan valioso presente. ¡El pueblo lloró, conmovido! —atestigua el cronista.

La recuperación autoritativa de la Tora, así como las memorias que su lectura pudo haber evocado, llenaron un vacío muy grande en la vida espiritual y en la conciencia histórica del pueblo tras un doble desarraigo, primero de Judá y luego de Babilonia. Igualmente, muchos hispanos en los Estados Unidos hemos padecido en carne propia esas crisis de identidad que acompañan a los procesos migratorios, forzosos o no. Esdras y Nehemías (aquí por primera y única vez juntos en Judá, si nos atenemos a la crónica), les suplicaron al pueblo: "Hoy es un día dedicado a nuestro Señor. No estén tristes, porque la alegría del Señor es nuestro refugio" (Nehemías 8.10b). Entonces el pueblo celebró una fiesta, como lo hacemos nosotros cuando tenemos algo muy importante y precioso que compartir. Es de imaginar que ese redescubrimiento de la Ley, similar al que Josías había protagonizado siglos antes, diera inicio a un vasto proceso de reformas religiosas y rituales no muy diferentes de las que Josías había llevado a cabo durante su gestión (2 Reyes 22.3–23.23).

El proceso iniciado, o promovido, por Esdras reorientó a su comunidad con respecto a sus coordenadas espirituales y éticas. Así, por ejemplo, según el cronista, la comunidad reconoció que había descuidado los mandamientos de Dios, específicamente, el día de reposo, los diezmos y las primicias del templo, y el perdón mutuo de las deudas, cada siete años (Nehemías 10.28-39). Esdras dramatizó, mediante una extensa confesión pública de pecados, la centralidad del arrepentimiento en el proceso de restauración (Nehemías 9.1-37), tras lo cual el pueblo se comprometió a observar diligentemente los mandamientos del Señor. "Levántense, alaben al Señor su Dios por siempre y siempre," (Nehemías 9.5) se le pidió al pueblo, y Esdras, haciéndose eco de las alabanzas y suplicaciones que Israel había entonado por generaciones, proclamó su fe en un Dios misericordioso que nunca abandona a los suyos: "Tú eres el Señor, y nadie más. Tú hiciste el cielo y lo más alto del cielo, y todas sus estrellas; tú hiciste la tierra y todo lo que hay en ella, los mares y todo lo que contienen. Tú das vida a todas las cosas. Por eso te adoran las estrellas del cielo" (Nehemías 9.6). Cuál fue el alcance de esa reforma, no lo sabemos; el texto bíblico no elabora al respecto. Por otra parte, la literatura bíblica del período postexílico es muy escasa. Si nos atenemos a las tradiciones orales del judaísmo tardío, dicha reforma fue formidable. El hecho de que las Escrituras judías le hayan dado el lugar destacado que le dieron, prueba que Esdras, o el movimiento o sector teológico que su nombre pudo haber representado simbólicamente, de hecho causó un impacto tan significativo como duradero en Israel.

Esdras y la controversia sobre las esposas extranjeras

Como ya hemos observado, el orden cronológico y lógico de la crónica Esdras-Nehemías es desconcertante, de allí que se nos haga difícil precisar si el incidente de la lectura pública de la Ley precedió o no a la controversia sobre las mujeres extranjeras. Es probable que sí; aun más, es de suponer que el intenso proceso de reforma religiosa y ética iniciado por Esdras haya creado las condiciones necesarias para que esa controversia saliera a la luz. Según el cronista:

> *Los jefes se acercaron a mí para decirme: "Los israelitas, incluidos los sacerdotes y los levitas, no se han mantenido apartados de la gente del país, es decir, de los cananeos, hititas, ferezeos, jebuseos, amonitas, moabitas, egipcios y amorreos, a pesar de sus odiosas costumbres paganas. Ellos y sus hijos se han casado con las hijas de esa gente; por lo tanto, el pueblo de Dios se ha mezclado con la gente de otros pueblos. Y los primeros en cometer este pecado han sido los jefes y gobernantes."* Esdras 9.1,2

Esdras no se había tomado el trabajo de viajar desde Babilonia meramente para entretener o impresionar a sus compatriotas en Jerusalén con su extraordinaria sabiduría y pericia. En todo momento Esdras se mostró seriamente preocupado por la salud

Esdras Un líder que se reencontró con su pueblo

espiritual de su pueblo, y muy probablemente su cruzada a Judá respondió a la urgencia de advertirles acerca de las consecuencias de una nueva transgresión. La amarga memoria del exilio, consecuencia del pecado de la comunidad, todavía estaba muy fresca en su mente. Es verdad que por la gracia de Dios habían podido regresar a su madre patria, es cierto que habían podido reconstruir la ciudad y el templo, y es también cierto que su reorganización social, política y legal se estaba consolidando; pero si no se esforzaban por vivir rectamente, como Dios esperaba que lo hicieran, subraya Esdras, habrían de provocar la ira divina una vez más.

Dentro de ese contexto ético y ritual, el casamiento con una mujer extranjera representaba un serio peligro con serias consecuencias teológicas. En efecto, desde la perspectiva del cronista y su audiencia original, esos matrimonios constituían una transgresión contra Dios. En su gran mayoría, los sectores ortodoxos y fundamentalistas judíos todavía piensan de esta manera. Por razones que quizás nunca lleguemos a comprender, y mucho menos aceptar, Israel había establecido fronteras sociales y rituales muy drásticas para preservarse "puro" o "santo" delante de Dios, y el matrimonio con mujeres no judías de hecho atentaba contra ello. Recordemos que para la ortodoxia judía, es la madre quien asegura, en virtud del nacimiento de su hijo, la pureza étnica y ritual de su descendencia. En otras palabras, una mujer gentil contamina la estirpe y también la comunidad.

Durante el exilio y la repatriación, es probable que la comunidad judía haya exhibido cierto nivel de tolerancia con respecto a los matrimonios mixtos o mestizos, de lo contrario no se hubiera discutido el asunto. Pero Esdras insiste en recuperar la tradición deuteronomista de absoluta separación de los "extranjeros" (vea, por ejemplo Deuteronomio 7.2-6); esta misma tradición resolvía la aberración del matrimonio mixto mediante el divorcio y el repudio de la esposa "extranjera" y sus hijos. Cuando Esdras se enteró de que los varones judíos, entre ellos unos cuantos líderes y ciudadanos distinguidos, habían desposado mujeres no judías y tenido hijos con ellas, asumió vicariamente la transgresión de su comunidad. La conciencia de semejante iniquidad lo llevó a un acto público de arrepentimiento, como relata el cronista:

"Mientras Esdras oraba y hacía esta confesión llorando y de rodillas ante el templo de Dios, un grupo numeroso de israelitas, hombres, mujeres y niños, que lloraban también amargamente, se juntó a su alrededor. Entonces Secanías, hijo de Jehiel y descendiente de Elam, tomó la palabra y dijo a Esdras: "Nosotros no hemos sido fieles a nuestro Dios, porque nos hemos casado con mujeres extranjeras, de naciones paganas; sin embargo, todavía hay esperanza para Israel. Vamos a comprometemos a despedir a todas nuestras mujeres extranjeras y a sus hijos, y que se cumpla la ley, tal como tú y quienes respetan el mandamiento del Señor nos aconsejan. Levántate, porque esto es algo que a ti te toca hacer; nosotros te apoyaremos. Anímate, y manos a la obra." Esdras 10.1-4

Cómo se resolvió esa situación, tampoco lo sabemos. Extrañamente el cronista concluye esta historiografía religiosa con la siguiente declaración: "Todos estos (refiriéndose a los varones judíos que habían transgredido la ley) se habían casado con mujeres extranjeras, pero las despidieron a ellas y a sus hijos." (Esdras 10.44) ¡Qué manera de concluir un libro de la Biblia! Según la lista de varones desposados con mujeres no judías que precede al 10.44, tan sólo 111 hombres, de aproximadamente 30,000, se habían casado con mujeres extranjeras. Este número relativamente pequeño sugiere que el problema de los matrimonios mixtos no había sido tan generalizado como uno podría imaginar. Llama la atención que, a pesar de la gravedad del problema para Esdras y otros en su comunidad, el cronista no diga nada sobre el desenlace, lo cual ha provocado bastante especulación. Las diferentes lecturas o versiones bíblicas de 10.44 han contribuido al debate. Por ejemplo, la Septuaginta (la primera versión reconocida en el idioma griego de las Escrituras judías) dice: "Pero las despidieron a ellas y a su hijos." Nuestra propia versión castellana de *Reina-Valera* lee, "y había mujeres de ellos que habían dado a luz hijos". La versión en inglés *New Revised Standard* sigue a la Septuaginta. Otras versiones coinciden con *Reina-Valera*. ¿Cuál fue la lectura "original?" Varios eruditos creen que la fórmula "original" no dice que se haya repudiado a las mujeres extranjeras y su hijos y se apoyan en esto para argumentar que la reforma de Esdras fracasó. Otros eruditos creen que en Nehemías

9.2 y 10.28-30 se provee suficiente evidencia de que la reforma de los matrimonios mixtos efectivamente se llevó a cabo.

Ahora bien, ¿qué podemos decir del papel que Esdras jugó en esa controversia? Algunos destacan la aparente intolerancia de Esdras, que pudo haber contribuido al legalismo y al particularismo del judaísmo posterior. Otros opinan que, desafortunadamente, Esdras no tuvo otra alternativa que "flotar" con la corriente ortodoxa. Finalmente, están aquellos que opinan que Esdras dejó que se calmaran los ánimos y que luego encontró la forma de "archivar" la controversia, lo cual explicaría la ambivalencia con que concluye el relato del incidente. Sea lo que haya sido, ¿cómo podemos negar que su aparente repudio de las mujeres extranjeras y sus hijos no nos apene e indigne? Y mucho más cuando hacemos un recuento de los abusos cometidos contra la mujer y la infancia hasta el presente. Por otra parte, aun cuando no aprobemos la gestión de Esdras, no podemos ignorar que los matrimonios mixtos de hecho representaron un serio problema para una buena parte de su comunidad, y que ésta exigía soluciones. Finalmente, ¿podemos ignorar y aun rechazar su posición así como el testimonio bíblico de su gestión porque afectan nuestra sensibilidad? Si algo aprendemos de Esdras, es que no vivimos ni ministramos en un vacío ideológico y espiritual sino dentro de contextos muy concretos y cargados de contradicciones y que, no importa cuán objetiva y neutralmente pretendamos vivir nuestra fe, es imposible lograrlo. Lo que debemos hacer es dialogar honesta y críticamente con la Escritura y sus protagonistas sin perder de vista que también nosotros debemos ser cuestionados por ellos.

Esdras y el liderazgo de hoy

Esdras nos impresiona como líder mayormente por su capacidad de articular una visión, de compartir responsabilidades y de movilizar a su comunidad. Una visión a veces arranca con sólo un interrogante o una preocupación, como en el caso de Esdras cuando se enteró de que los repatriados en Judá estaban pasando por serias dificultades. ¿Cómo podría ayudarles? ¿Poseía los dones y habilidades para ello? ¿Con qué recursos podría contar? ¿Cuál sería la mejor manera de implementar su visión para la comunidad postexílica? Esdras consultó con otros líderes en

Babilonia y Jerusalén, bosquejó un plan de acción y literalmente se puso en marcha. No había tiempo que perder; el escriba y su caravana partieron de Babilonia hacia una meta muy distante, casi fantástica, a cuatro o cinco meses de distancia. Igual que los sabios de Oriente varios siglos más tarde, Esdras y sus compañeros sabían hacia dónde se dirigían. Todo cuanto tuvieron que hacer fue seguir su propia estrella hasta "el otro lado del río". ¿Poseemos esa misma certidumbre, esa misma claridad de horizontes, esa misma capacidad de planificación, esa misma determinación que apreciamos en Esdras? La fiesta de su comunidad durante la lectura de la Ley, así como el pacto nacional de obediencia en respuesta a su predicación, atestiguan su gran triunfo personal, cuando su visión, en realidad visión de Dios, se convirtió en la visión de su comunidad restaurada.

También aprendemos de Esdras cuán importante es para un líder reconocer la complejidad de las situaciones diarias; los dilemas y desafíos que el líder y su comunidad confrontan; las presiones y expectativas de los diferentes grupos y sectores; sus debilidades y preferencias; el peso de la tradición; la necesidad de ajustes constantes y las consecuencias prácticas y éticas de cualquier decisión que se tome o se deje de tomar. Sin esa capacidad, Esdras jamás podría haber respondido a las necesidades y aspiraciones de los suyos, especialmente a la hora de las grandes controversias. Lo que el líder de una comunidad debe tener siempre presente es que, por encima de una tarea o una misión específica, lo que Dios le ha confiado es el cuidado pastoral y el bienestar de esa comunidad. Por último, Esdras nos ayuda a reconocer que no existen situaciones ideales ni tampoco líderes y liderazgos ideales. Nuestras circunstancias son, por naturaleza, tan contradictorias y problemáticas como extenuantes; de lo contrario, ¡no necesitaríamos líderes! Esdras descubrió muy pronto esa realidad. Aun cuando las Escrituras no elaboran al respecto, intuimos que su ministerio no le resultó fácil. Cuando hablamos del liderazgo cristiano, debemos recordar que no hay situaciones ni comunidades ni líderes ideales; tampoco estrategias, soluciones ni evaluaciones ideales. Todo cuanto hay son necesidades, problemas y anhelos muy humanos a los cuales Dios quiere responder. A pesar de sus propias contradicciones y prejuicios, Esdras se consagró a su pueblo para que éste pudiera expandir espacios y oportunidades de *shalom* aun en circunstancias muy adversas.

Conclusión

Mi padre solía decir que Dios tiene una manera muy "pintoresca" de hacer las cosas. ¿Se nos hubiera ocurrido alguna vez que Dios habría de utilizar un escriba para liderar a Judá? Carpinteros, pastores de rebaños, fabricantes de tiendas, cobradores de impuestos, esposas de reyes paganos, vendedores de telas... ¿por qué no? ¿Pero un escriba? El tono hostil de los evangelios hacia los escribas de su tiempo sin duda nos predispone contra un líder como Esdras. Por otra parte, ¿podemos reconciliar su postura hacia los extranjeros con nuestro afán de inclusividad y tolerancia? Si algo más podemos aprender de la historia y el ministerio de Esdras, o a pesar de ellos, es que Dios no deja de sorprendernos con elecciones "pintorescas". Más allá de nuestras dudas y prejuicios personales, Esdras guió a su pueblo con determinación en momentos muy críticos. Nehemías los había ayudado a restaurar murallas, caminos y ciudades, Esdras los ayudó a reconstruir su identidad nacional y espiritual.

La solidaridad de Esdras con su pueblo fue una de las características sobresalientes de su liderazgo. Igual que Moisés, Débora, Samuel y Ester, entre muchos otros, el liderazgo de Esdras adquirió autoridad y credibilidad porque se forjó en respuesta a las necesidades de su comunidad. Para los repatriados en Judá, Esdras fue un Buen Pastor que se ocupó de su rebaño. El liderazgo no es para cualquiera, y mucho menos para aquellas personas que ambicionan prestigio y poder, sino para hombres y mujeres que, a pesar de sus limitaciones y aun de sus prejuicios, toman muy en serio el reto de Dios a guiar a su comunidad hacia una vida abundante.

Igual que muchos otros hombres y mujeres que jugaron un papel clave en momentos críticos de la historia de Israel, la personalidad y el ministerio de Esdras adquirieron proporciones excepcionales en la memoria colectiva de su pueblo. Israel le atribuyó no solo la reforma religiosa y legal del período postexílico, sino también el establecimiento de la Gran Sinagoga, la invención de los signos vocálicos de su gramática, y fundamentalmente, la fijación del canon de las Escrituras hebreas. Aun si no pudiéramos confirmar ninguna de estas contribuciones, de todos modos Esdras perduraría en nuestra historia de fe como el escriba que sencillamente se dedicó al bienestar nacional y espiritual de su pueblo.

Temas para reflexión y/o discusión

1. ¿Cómo nutrió Esdras su identidad religiosa durante su vida en el destierro? ¿Cómo puede tu comunidad nutrir la suya?

2. ¿Qué aspectos de la decisión de Esdras de regresar a su patria resuenan con tu experiencia?

3. Si tuvieras que articular una visión del futuro para tu comunidad, ¿qué elementos incluirías en esa visión?

4. ¿Qué enseñanza tiene el liderato de Esdras para el momento presente?

Ester

Una líder que aceptó el desafío

Lectura bíblica recomendada: Libro de Ester

Introducción

Gran parte de la importancia que se ha dado a la figura de Ester, el personaje principal del "Manuscrito de Ester", como se llama el libro que lleva su nombre, se debe a su heroica participación en la lucha que libró al pueblo judío del exterminio ordenado por las autoridades del gobierno persa. Según el relato de Ester, un amalecita de nombre Amán, que servía como Primer Ministro en la corte del rey Asuero, donde se desarrolla la historia, se había indignado porque un judío de nombre Mardoqueo, también empleado en la corte real, no se arrodilla ante él como el resto de los oficiales de la corte. Era una orden del rey que todos sus siervos se arrodillaran ante Amán. Airado, Amán busca por todos los medios conseguir la muerte del judío insubordinado. Su intento falla, y es él quien termina en la horca, poco después de lograr que un edicto mayor de exterminio de todo el pueblo judío sea proclamado por todo el imperio. La salvación de tan funesto destino viene a través de Ester, una joven judía, hija adoptiva de Mardoqueo. Esta, en su nuevo puesto de reina, logra, a través de una serie de actos exitosos, ganar influencia sobre el rey y consigue finalmente que se otorgue al pueblo judío el derecho de organizar su autodefensa y por consiguiente su salvación. Esta gesta, anotada en el libro de manera más amplia y elaborada, preservó su nombre para la posteridad, en la celebración anual de las comunidades judías conocida como la fiesta de *Purim* o fiesta de las suertes.

La opinión más prevaleciente sobre el libro de Ester es que la historia que se relata en sus páginas es una reelaboración de un acontecimiento similar que amenazó al pueblo judío cuando estos vivían bajo el poderío del gran imperio persa. El imperio persa dominó al antiguo oriente alrededor del 539 - 332 a.C. Se cree que el libro fue escrito con el propósito de promover y proveer una base a la fiesta de *Purim* celebrada entre generaciones judías posteriores residentes en la diáspora y que no conocían como sus antepasados la historia de amenaza. Las referencias al término hebreo "purim", en español "suertes" —la palabra aparece en 3.7; 9.24; 9.26, entre otras citas— proveen la base para esta interpretación. Otras perspectivas más recientes incluyen la opinión de que el propósito del libro es presentar a Ester y a Mardoqueo como modelos de sabiduría en cuanto a cómo los judíos debían conducir sus vidas en la diáspora.

Modelo de liderato

Aunque las comunidades cristianas también reconocen a Ester como una de las mujeres heroínas de la Biblia, poco se ha escrito para ayudar a poner en perspectiva la magnitud de su liderato. En cierta medida, el personaje de Ester está todavía velado por las románticas nociones de hermosa doncella que se convierte de la noche a la mañana en princesa del palacio real. Bajo esta óptica, aunque se afirma su heroísmo, el mismo es principalmente adscrito a su belleza, a la mano protectora de su tío y padre adoptivo Mardoqueo y a la fortuna de un destino en el que ella participa por casualidad. Sin embargo, a nuestro parecer, una atención detenida a este relato revela otras nociones sobre el liderato de Ester que la convierten en una líder más real y a la que hay que otorgar mayores méritos. Ester fue una líder valiente y con una conciencia más clara y firme de su propia participación en la historia de la que se asume a primera vista. Esperamos que la descripción del liderato de Ester nos sirva para establecer paralelos con la vida de jóvenes que comienzan a emerger como líderes entre nuestro pueblo. Líderes jóvenes cuyos talentos y acciones a veces pasan inadvertidos y subestimados por la comunidad humana pero que son de gran valor y estima para los propósitos de Dios.

Subida de Ester a escena

La aparición de Ester en el relato está precedida por una serie de eventos que tienen lugar en la vida de la corte persa y de sus miembros principales. El rey Asuero, identificado en los anales de la historia universal como Jerjes, monarca que gobernó el territorio persa desde el 486-465 a.C., ha ofrecido unas grandes fiestas para todo el pueblo, desde los grandes dignatarios hasta el pueblo en general. Los festejos que se extendieron por varios días, tuvieron lugar en Susa, en donde estaba localizado su palacio invernal. Al cabo de varios días de fiestas, en donde la comida y la bebida se consumen en proporciones extravagantes, el rey ordena que la reina Vasti, quien por su parte también ha ofrecido una fiesta para las mujeres, sea llevada a su presencia para mostrar a los presentes su hermosura. La reina sin embargo, nos informa el relato, se niega a presentarse ante el rey. Preocupados por las consecuencias de este acto, de inmediato los funcionarios reales toman carta en el asunto. Estos convencen al rey de que deben tomarse medidas legales en todo el reino —desde los hogares hasta la corte real— para evitar este tipo de conducta en el futuro (1.16-20).

No hay duda de que la actuación de Vasti ha sido una afrenta, no solo al rey sino a toda la autoridad imperial. Es de interés notar que cuando el rey Asuero toma la decisión de buscar una nueva reina, ya se le ha pasado la ira pero se acuerda de la sentencia contra ella: Vasti no podrá presentarse jamás ante el rey y una reina mejor que ella ocupará su lugar. Es razonable inferir que la intención del rey y de la corte es la de seleccionar una nueva reina que sea dócil y menos independiente que su predecesora. Luego de la deposición de Vasti como reina toma lugar el inicio del proceso de elección de una nueva reina de la corte imperial.

En medio de este proceso, Ester, también conocida como Hadasa, es mencionada como una de las varias doncellas seleccionadas para concursar en la elección de la que será la nueva reina del imperio. Sobre ella se nos dice que habiendo quedado huérfana de padre y madre, fue adoptada como hija por un primo paterno, Mardoqueo, quien era un oficial de la corte —la frase que se traduce como el que se sentaba a la entrada de la corte se refiere probablemente al puesto de oficial de la corte (2.19). Además de los escasos detalles biográficos sobre Ester, también se nos dice que era de hermosa figura y de buen parecer. El relato no menciona otros criterios, además de los de belleza y virginidad, para la selección de las doncellas (2.2).

La referencia a la belleza de las candidatas, y especialmente a la de Ester, contribuye a que muchos lectores piensen que los únicos atributos que las jóvenes necesitaban poseer además de su juventud eran belleza física y una pronta disposición a someterse a la voluntad del rey y su corte. Las expectativas de la corte y el silencio del narrador en cuanto al carácter de Ester y las otras candidatas, sin embargo, no deben traducirse para el lector moderno en una postura condescendiente que ignora y subestima el carácter y habilidad de estas jóvenes para asumir el puesto de reina. El verdadero carácter de la nueva reina podrá finalmente apreciarse a través de su habilidad para sobrevivir el ambiente de la corte y en su capacidad para cumplir su compromiso con su pueblo.

Sin lugar a dudas, Ester parece poseer otros atributos, además de su belleza y figura. El relato menciona que cuando estaba al cuidado de Hegai, el encargado de la preparación de la futura reina, ella fue de su agrado y se ganó el favor de él (2.8-9). Aunque varias traducciones bíblicas prefieren usar la conocida frase "halló gracia y halló favor delante de él," en este verso, la frase "se ganó el favor de él" está más cercana en significado al original del hebreo. La frase "se ganó el favor", tiene gran importancia en el entendimiento de Ester como líder porque revela por primera vez en todo el relato algo sobre el carácter de Ester. Revela que Ester es una participante activa en este proceso, como se articula en la frase "se ganó", y ha hechos movimientos estratégicamente sabios para colocarse en una posición favorable delante del asistente del rey. Puede ser que la corte haya querido atraer doncellas cuyos más prominentes atributos fueran de belleza. Pero Ester se ha encargado de demostrar que en ella se esconden otros atributos que merecen distinguirla entre un grupo de iguales. Los resultados de su astucia son inmediatamente recompensados. El relato nos dice que Hegai le dio el mejor de los tratos (2.9).

No es posible saber cuánta ventaja sobre sus compañeras le dio la ayuda que Ester recibió de manos de Hegai cuando llegó el momento de comparecer ante el rey. La amistosa asociación con Hegai es sin dudas un respiro en difíciles circunstancias. Ester parece valorizar tal ayuda. Llama la atención también el hecho de que durante el tiempo en que Ester disfrutaba del tratamiento especial como doncella favorita de Hegai, Mardoqueo también esté muy pendiente de ella. Se nos hace saber que a sugerencia de este, Ester mantiene en secreto su identidad judía (2.10,11).

Nada hay en el texto que explique la razón que dirigió tal decisión, especialmente cuando sabemos que Mardoqueo, su padre adoptivo es un funcionario de la corte real. La mención del detalle, sin embargo, nos hace pensar por un momento en las dinámicas que son parte de la situación de Ester en este momento. Ella es parte de un pueblo desterrado, minoritario, cuya supervivencia ha estado históricamente a la merced de la voluntad de los monarcas de turno. El trato afable y la tolerancia con que el imperio persa trató al pueblo judío, luego de conquistarlos de manos de los babilonios, no cambian esta realidad. En el momento en que Ester está en el umbral de un nuevo capítulo en su vida, ella está muy consciente de sí misma, sus circunstancias, posibilidades y limitaciones. Si lo olvidara, el constante pasearse de su padre Mardoqueo en los alrededores de la casa de las mujeres le recuerda la fragilidad de su posición.

Cuando le llega el turno de presentarse delante del rey, Ester va con una carta de presentación distinta a la del resto de las doncellas. Según el protocolo de la corte y con motivo de su presentación ante el rey, las jóvenes candidatas pueden pedir todo cuanto deseen para prepararse para tan magna ocasión. Siguiendo el consejo de Hegai, Ester no pide según la costumbre, sino que pide aquello que agradaría al rey y aumentaría sus posibilidades de ser la escogida. Una vez más su conducta es recompensada al ganarse el favor de todos los que la rodeaban. El relato no nos sorprende cuando describe la buena impresión que Ester causa al rey, quien queda inmediatamente deslumbrado por ella. Acto seguido el rey la escoge como la nueva reina, celebra un gran banquete y en su honor hace concesiones en materia de impuestos a toda la población (2.15-18).

El ascenso de Ester al reinado persa ofrece algunos paralelos para considerar nuevas nociones sobre el liderato, especialmente el liderato que está en vías de desarrollo como el de nuestros jóvenes. Por un lado cabe mencionarse que la manera en que llegamos a ser líderes no siempre es el resultado de un plan vocacional o de un llamamiento extraordinario. Como en el caso de Ester, a veces nos encontramos en posiciones de liderato porque las circunstancias de un momento dado así lo requieren y no podemos escaparnos de ellas. Siendo miembros de un grupo étnico, o un grupo que represente un interés determinado, cualquiera que este sea, es posible que nos encontremos ante un reto que demande nuestra participación. A medida que cobramos más conciencia de la importancia de nuestra participación, nuestra posición como líderes va haciéndose más clara y relevante. Nuestro liderato se crea y se conforma con la situación dada, revelándose en y a través de nosotros de maneras inimaginables. No tenemos tiempo para pensar en cómo llegamos a tal posición, sino en lo que debemos hacer desde ella. Hay un sentido más claro de urgencia. El momento y las circunstancias son los que proveen el punto de partida para el liderato que vamos a ejercer.

El liderato, por otro lado, aunque se derive de circunstancias fuera de nuestro control, requiere no obstante nuestro compromiso y nuestra asertividad. No podemos dejar nuestras ejecutorias a la merced de las circunstancias. Una vez entendemos que estamos en una posición de responsabilidad hacia Dios, hacia la comunidad y hacia nosotros mismos, tenemos que dar los pasos y tomar las decisiones necesarias para lograr las metas. En el caso de Ester, ella subió al reinado persa por circunstancias que estaban mas allá de su control, por ejemplo: la deposición de la reina Vasti, su selección como candidata en el certamen y su relación sanguínea con un oficial de la corte. Una vez en el círculo íntimo de la corte, sin embargo, ella trabajó activamente por ganarse el favor de sus patrocinadores y especialmente del rey Asuero. Nada en el relato indica que Ester permaneció pasiva ante los eventos que se sucedieron. Su actividad en esta primera etapa de su reinado, sentó las bases para un liderato creíble, valiente y poderoso.

De los comienzos del reinado de Ester también aprendemos que, aunque las motivaciones de nuestro liderato sean legítimas, algunos de los retos que nos confrontan bien pueden menoscabar nuestra capacidad como líderes. Aunque se nos identifique como tales, siempre corremos el riesgo de ser víctimas de percepciones equivocadas por parte de aquellos que perciben nuestro liderato como una amenaza al poder y al orden establecido. Estas percepciones equivocadas pueden ser, desde aspectos superficiales como la edad, estereotipos asociados a la apariencia física, acento y manejo del idioma, tipo de personalidad, hasta aspectos más sutiles, como el género, la raza, la clase social y la manera en que expresamos nuestra fe religiosa. No siempre es posible hacer mucho para cambiar las percepciones equivocadas que otros tienen sobre nosotros, especialmente cuando estas están integradas en la mentalidad y cultura de los grupos dominantes. No obstante hay que reconocer que ser líder en la clase de ambiente en que vivimos es una tarea difícil. Como a Ester, nos toca a nosotros el lograr colocarnos en una posición desde donde podamos ejercer influencia y ser agentes de verdadera transformación.

Comienzo del liderato

Luego de que Ester es elegida reina, el relato cambia la atención a los otros personajes principales: Mardoqueo, el padre adoptivo de Ester, y Amán, el primer ministro del rey. Estos aparecen en una serie de eventos que se suceden con fuerza ascendente para llegar al punto culminante del relato: la orden de exterminio de los judíos localizados en Persia. En el primero de estos eventos se nos cuenta que mientras Mardoqueo estaba en su oficio escuchó de otros oficiales de la corte una conspiración para matar al rey Asuero (2.21). Acto seguido, Mardoqueo informa a la reina Ester sobre la conspiración, quien a su vez informa al rey, de parte de Mardoqueo (2.22). Una vez se investiga el asunto, se da muerte a los culpables de la conspiración. Una nota del narrador nos indica que del caso se dejó constancia por escrito en el libro de las crónicas del rey (2.23). Aunque el episodio queda en el olvido por el momento, el mismo serviría para cambiar los designios fatales en contra de Mardoqueo y del pueblo judío. Más tarde, en el momento en que la vida de Mardoqueo está en peligro, la crónica de este acto sale a la luz para salvarlo de la horca y darle un sitio de honor (6.1-11).

La narración del episodio de la conspiración establece que Ester, ya elegida reina, aún está bajo la tutela de su padre adoptivo Mardoqueo. Según el relato, Ester seguía sin revelar su identidad étnica, como Mardoqueo le había aconsejado, y continuaba haciendo lo que este le aconsejaba. Inclusive Mardoqueo se había encargado de estar físicamente cerca de ella (2.19-22). Ester está claramente ejerciendo sus funciones reales en medio de dos fuerzas que requieren su lealtad: por un lado, el rey y todo el protocolo de la corte, por otro lado Mardoqueo quien representa a su familia y a su pueblo.

Es natural preguntarnos, para propósitos de este ensayo, cómo podemos caracterizar en este contexto a Ester y a su liderato. ¿Tenía Ester un carácter débil? ¿Era ella un ejemplo de pasividad? ¿Tenía un conflicto de intereses? Para responder a esta y otras preguntas tenemos que evaluar otras dinámicas que se esconden en el texto.

Es importante entender que la cultura del imperio y de la sociedad de la época del relato de Ester es una en donde el cuestionamiento del poder, los cambios, y la libertad de empujar los límites de la tradición son inmediatamente extinguidos. El episodio de la reina Vasti, al principio del relato, es el mejor ejemplo (1.10-22). El mismo episodio en el que Mardoqueo descubre el plan de conspiración contra el rey requiere toda una estrategia a través de la jerarquía de la corte imperial (vea 2.22,23). Posteriormente en el relato, el cambio de fortuna de Amán, aunque lo detestemos por su maldad, su caída desde ser el hombre más poderoso en el reino luego del Rey, hasta su muerte en la horca, revela una sofisticada política de control que no perdonaba a nadie. Estos ejemplos y toda la serie de edictos y leyes escritos y reescritos que resaltan en toda la narración sostienen la idea de un contexto social y político cuidadosamente sostenido para mantener el poder real. En este contexto ni aún los poderosos, incluyendo al rey, se escapan de ser vulnerables. De más está describir la vulnerabilidad de la reina Ester. Su adhesión a los planes de Mardoqueo y su conducta ante el rey hay que entenderlas, a mi parecer, desde la perspectiva de esta situación. Es evidente que Ester ha encontrado un medio cómodo y seguro para actuar certeramente, dada las circunstancias. Los pasos que da desde su posición de reina, aunque parezcan tímidos, tendrán repercusiones que trascienden al momento.

El desafío a su liderato

La próxima oportunidad para Ester dar un paso significativo en su liderato tiene lugar en el momento en que surge la amenaza de exterminio de todo el pueblo judío. El relato caracteriza esta amenaza como una acción vengativa y personal de Amán, primer ministro del rey. Como ya sabemos, este vive airado porque Mardoqueo no se inclina y se humilla ante él como estaba ordenado. Aprovechando su posición de influencia, Amán logra que Asuero firme y selle con su anillo un decreto con la orden de destruir, matar y aniquilar a todos los judíos y apropiarse de sus bienes. Según los cálculos de Amán, la eliminación de esta población traería grandes dividendos económicos al tesoro real. El decreto es publicado en todas las provincias del imperio (3.8-14). Ante el inminente destino, Mardoqueo, como muchos otros judíos, responde con gran lamentación y ayuno. Vistiéndose de ropas ásperas y cubierto de cenizas se lanza a las calles con sus gemidos (4.1-3).

Cuando Ester se entera de la conducta de Mardoqueo, envía de inmediato un cambio de ropas para este. Como lectores nos sorprendemos de que Ester no quiera que Mardoqueo se vista de luto. Pero pronto nos enteramos, de que Ester desconoce las razones que justifican la conducta de Mardoqueo. Cuando Mardoqueo se niega a cambiar sus ropas, Ester envía a uno de sus asistentes a averiguar el motivo. Pronto Ester conoce de parte de Mardoqueo todo lo concerniente a la orden de exterminio. Aún más, Mardoqueo le ha pedido que ella interceda por el pueblo delante del rey (4.4-8). Acto seguido tenemos uno de los intercambios más memorables de la historia entre Ester y Mardoqueo:

> *Entonces Ester envió nuevamente a Hatac con la siguiente respuesta para Mardoqueo: "Todos los que sirven al rey y los habitantes de las provincias bajo su gobierno, saben que hay una ley que condena a muerte a todo hombre o mujer que entre en el patio interior del palacio para ver al rey sin que él lo haya llamado, a no ser que el rey tienda su cetro de oro hacia esa persona en señal de clemencia, y le perdone así la vida. Por lo que a mí me toca, hace ya treinta días que no he sido llamada por el rey."*

> *Cuando Mardoqueo recibió la respuesta de Ester, le envió a su vez este mensaje: "No creas que tú, por estar en el palacio real, vas a ser la única judía que salve la vida. Si ahora callas y no dices nada, la liberación de los judíos vendrá de otra parte, pero tú y la familia de tu padre morirán. ¡A lo mejor tú has llegado a ser reina precisamente para ayudarnos en esta situación!"* Ester 4.10-14

El intercambio ilustra en primer lugar la precariedad de la situación de Ester como reina del rey Asuero. No le pertenece a ella decidir cuándo puede presentarse delante del rey. Aun más, está escrito en la ley, que el hacerlo sin la autorización del rey, conlleva la pena de muerte. Ester conoce muy bien las reglas de la corte. Sin lugar a dudas, su vida está en las manos del rey. Su respuesta a Mardoqueo es pues una reacción muy natural y humana. La respuesta de este, por su parte, tiene que ver con la urgencia de la situación. Su preocupación básica es el destino del pueblo judío. Su argumento ante Ester es que la vida de ella misma está en peligro, sea que comparezca ante el rey sin ser llamada o que no reaccione y permanezca en silencio. Su vida está en peligro al igual que la vida de todos los judíos. Según él, ella no tiene más opción que la de abogar ante el rey por la vida de los judíos, si es que quiere tratar de salvar la suya propia. Ester debe decidir si aceptar o no un importante papel en la historia de su pueblo, independientemente de la suerte que corra.

Este momento del diálogo entre Ester y Madoqueo nos da la oportunidad de reflexionar sobre cómo entendemos la importancia de nuestro rol como líderes. Generalmente nos movemos entre dos extremos: o creemos que somos líderes pasajeros, que hacemos lo que cualquiera puede hacer y por lo tanto dejamos escapar la oportunidad de establecer una diferencia, o creemos que somos líderes insustituibles y que nuestro liderato es imprescindible. Esta última actitud nos convierte en un obstáculo al desarrollo del ministerio. En la situación de Ester nos encontramos con un líder que cuando tuvo ante sí la oportunidad de jugar un papel histórico como intercesora de un pueblo, para su salvación, supo tomar una decisión sabia. Aunque reconoce que arriesga su vida, también sabe que como reina puede ser bienvenida por el rey. Al decidirse ir ante el rey sin ser invitada por este, Ester aprovecha la ventaja de la posición única en la cual se encuentra. Ella actúa guiada por el momento histórico, aunque el mismo no coincida con el itinerario de la corte. Valientemente desafía el orden, como lo hizo su predecesora, quien se negó a presentarse al rey como este le había ordenado. Ester, en acto invertido pero igualmente desafiante, se presenta ante el rey, sin la invitación necesaria. Vasti, la primera reina, arriesgó su puesto, Ester arriesga en este acto su vida. Esta gesta la distingue para la posteridad.

Mardoqueo le había dejado entender claramente a Ester que ella no es un instrumento imprescindible en los sucesos del momento. Él le dice: "Si ahora callas y no dices nada, la liberación de los judíos vendrá de otra parte" (4.14a). Pero también le dice: "A lo mejor tú has llegado a ser reina precisamente para ayudarnos en esta situación" (4.14b). Ester no es una líder irremplazable o imprescindible, sin embargo está en una posición que la convierte en un instrumento único y de gran importancia. Ella exhibe su grandeza de carácter y la integridad de su liderato al colocarse en esta posición. De Ester aprendemos que como líderes tenemos siempre la opción de establecer una diferencia. También aprendemos que nuestro liderato, aunque no es imprescindible, nos da la oportunidad de ejercer nuestra propia vocación.

Otro aspecto importante del liderato de Ester está ilustrado por la manera en que ella se prepara para hacer su visita al rey. Ella pide a Mardoqueo que reúna a los judíos residentes en Susa para que ayunen por ella. También invita a sus doncellas a ayunar con ella durante los tres días previos a la visita (4.15,16). Cuando lo necesita, Ester está lista y decidida a buscar el apoyo de su comunidad más cercana. Esto demuestra una profunda humildad de su parte y un profundo respeto a la capacidad y generosidad de su gente en acompañarla en tan arriesgado proyecto.

El llamado al ayuno ofrece también, a mi parecer, una ventana abierta a la persona de Ester, para ser vista como una líder llena de fe. Una fe profunda que le permite dar el paso más radical que puede dar ser humano alguno: arriesgar su vida por la vida de su pueblo. Vale la pena enfatizar este aspecto espiritual de su liderato porque mucho se ha discutido sobre la ausencia de una referencia al nombre de Dios en la historia de Ester. En los diez capítulos que componen la historia, cuya trama gira en torno a la salvación de los judíos, no se hace referencia explícita a Dios, ni se menciona su nombre, pero está claro, desde mi punto de vista, que este acto de invitar al ayuno colectivo es uno que sirve de prueba de la fe de Ester en la providencia divina para intervenir en el devenir cotidiano. También el acto refleja su entendimiento particular de la fe. Ester es una líder que cree en la importancia y la integridad de la participación humana en todo los acontecimientos, sean cotidianos o extraordinarios. Es obvio que ella también cree que su participación en los asuntos importantes que la rodean y sus cuidadosas estrategias no niegan la presencia de Dios. Desde su perspectiva, Dios se mueve y trabaja a través de la actividad humana. Lo uno no niega la existencia de lo otro. Ester cree firmemente que en medio de su actividad y de su decisión tan radical la guía divina hace una diferencia. Por ello hace el llamamiento a un ayuno popular. Este entendimiento es uno que está en armonía con el resto de la literatura bíblica, especialmente en historias como la de Noemí y Rut, Débora y Jael.

Aunque en ellas no abundan las referencias directas al nombre de Dios, en estas historias se percibe el entendimiento de que Dios guía en su providencia los designios y los acontecimientos humanos.

La astucia de su liderato

Una vez Ester es recibida por el rey con su aprobación y la promesa de que él le concedería su petición, Ester pone en acción la primera parte de su plan en pro de la supervivencia de su pueblo. Ella prepara el escenario en el cual finalmente hará su intercesión en favor de su pueblo. En vez de presentar al rey su petición de inmediato, ella crea una atmósfera de suspenso para cuando llegue ese momento. Ester comienza haciendo al rey una invitación para un banquete que ya tiene preparado para el rey y el primer ministro Amán. Luego de asistir a este primer banquete, si el rey queda satisfecho, ella ha preparado otro banquete para el día siguiente, en donde dará a conocer al rey su petición. El rey accede a las condiciones que Ester ha puesto (5.1-7). Amán por su parte ha comenzado a sentirse muy confiado y halagado de que la reina le haya hecho tal distinción. En sus propias palabras, lo único que le causa pesar es la presencia del judío Madoqueo (5.9-13).

Ambos banquetes se celebran con la presencia del rey y de Amán. En el segundo banquete, el rey vuelve a reiterar su deseo de conceder a Ester su petición. Cuando llega el momento propicio, Ester expone delante del rey su queja y su petición. Leamos:

> *En este segundo día dijo el rey a Ester durante el banquete:*
> *—¡Pídeme lo que quieras, y te lo concederé, aun si me pides la mitad de mi reino!*
> *Y Ester le respondió:*
> *—Si Su Majestad me tiene cariño, y si le parece bien, lo único que deseo y pido es que Su Majestad me perdone la vida y la de mi pueblo; pues tanto a mi pueblo como a mí se nos ha vendido para ser destruidos por completo. Si hubiéramos sido vendidos como esclavos, yo no diría nada, porque el enemigo no causaría entonces tanto daño a los intereses de Su Majestad.* Ester 7.2-4

Ester hace su petición al rey por su vida y por la vida de su pueblo.

Aunque el lenguaje del texto no lo expresa claramente, este es posiblemente el momento en el que Ester revela su identidad étnica delante del rey.

Según sus palabras, el momento es uno de extrema gravedad, y por ello ha decidido hablar. Ella se cuenta como parte de su pueblo ante el posible destino de muerte y exterminio cuando suplica al rey que se les conceda la vida. La convicción de sus palabras ganan la atención del rey, el cual pide que le diga quién es el que trama el exterminio.

El desenlace del conflicto no se hace esperar y ocurre en una secuencia que sugiere premura y expectación. Ester denuncia a Amán por sus actos, el rey sale airado del banquete y Amán, en una postura poco digna de un primer ministro, suplica de rodillas a Ester quien está tendida sobre un diván, que le conceda vivir. El rey vuelve del jardín indignado por la inapropiada conducta de Amán hacia la reina, e instigado por la sugerencia de uno de sus ayudantes, ordena la horca para Amán, en el mismo lugar que Amán había dispuesto para Mardoqueo. La escena termina con el anuncio de la muerte de Amán (7.5-10).

Esta dramática parte del relato nos presenta una variedad de cualidades del liderato de Ester, hasta ahora insospechadas. Obviamente ella ha entendido el peligro que representa Amán, pero reconoce que cualquier plan para enfrentarlo ha de hacerse con mucha delicadeza. Cuando finalmente revela su petición, el rey está totalmente dispuesto a unirse a su causa, y luego toma control del asunto tomando su decisión final de dar muerte a Amán. Aunque es obvio que Ester es la autora intelectual de estos eventos, la autoridad de Asuero como rey permanece intacta y en control. Ester es toda una estratega, posee astucia política, sabe poner de su parte a los centros de poder, tiene un acertado sentido de tiempo, y argumenta su causa con valentía y convicción.

Cuando esta primera parte del plan es exitosa, la integridad de Ester como reina se mantiene y las buenas relaciones con el rey quedan intactas. El rey concede a Ester el poder disponer de las propiedades de Amán. Ester aprovecha la oportunidad para presentarle a Mardoqueo como su pariente y delega a Mardoqueo la responsabilidad de la hacienda de Amán. Queda de manifiesto que Ester no se ha dejado deslumbrar por la posesión de poder. Ella mantiene una perspectiva saludable de su puesto y de su participación en tan histórico momento.

En la ultima parte del relato, nos enteramos de que aunque Amán ha sido eliminado, el edicto de exterminio que se había escrito con carácter oficial, estaba vigente y no podía ser revocado. Una vez más, Ester asume el liderato para abogar por la causa de su pueblo. En la segunda y última parte de su plan, ella vuelve a postrarse delante del rey con ruegos y súplicas. El rey vuelve a extenderle el cetro de oro, y en una petición similar a la primera, ella ruega al rey que revoque por escrito el edicto de exterminio (vea 8.5,6).

Asuero otorga a Ester la facultad de escribir otro edicto que lleve el sello real. De acuerdo a la ley persa un edicto sellado por el rey no podía ser revocado, así que la orden de exterminio de los judíos no podía ser eliminada. Sin embargo, este nuevo edicto serviría de contrapeso al primero. En efecto, el nuevo edicto otorga a los judíos de Susa y de todas las provincias pérsicas, el derecho a reunirse y planificar su defensa contra cualquier fuerza armada de pueblo o provincia que viniera a atacarlos (8.10,11). El resultado de esta última decisión fue que en todas las provincias, los judíos enfrentaron a sus enemigos y lograron aniquilarlos. Los diez hijos de Amán fueron colgados en una última petición que el rey concedió a Ester (9.12,13).

Si alguna característica sobresale en el liderato de Ester en esta última parte del relato es su espíritu indomable, la entereza de su compromiso y la diligencia de su actuar. La irrevocabilidad del edicto de exterminio bien pudo haber acertado un golpe final a su lucha, pero no fue así. Ella derrama su corazón ante el rey y ofrece un argumento final que en palabras nuestras podríamos traducir como: la muerte de mi pueblo será mi propia muerte (8.6). Otra vez el rey resuelve a su favor. Inmediatamente ella escribe el edicto que traerá la salvación al pueblo.

El relato termina con una descripción del origen de la fiesta de Purim y del carácter oficial que se le dio a esta fiesta en una carta que enviara Ester y Mardoqueo a todos los judíos. Según la carta, que tenía carácter de mandato, en recordación del día en que los judíos derrotaron a sus enemigos, ese mismo día los judíos debían celebrar con gozo, en vez de luto, por medio de banquetes, regalos y dádivas a los pobres (9.20-29).

Conclusión

Sobre la base del texto bíblico podemos afirmar que Ester tuvo un liderato extraordinario en los anales de la historia del pueblo de Dios. Por sus propios méritos muy bien podemos considerarla entre los grandes héroes y heroínas de la fe. Su ascenso, desde ser una concursante en un certamen de candidatas a reina del imperio persa, hasta llegar a escribir el edicto real que otorgó la salvación a los judíos, describe una trayectoria admirable. El liderato de Ester denota inteligencia, humildad, trabajo, perseverancia, resistencia y sacrificio entre otras cualidades igualmente apreciables. Ella sirve de espejo a los jóvenes, mujeres y hombres de nuestro pueblo que, sin habérselo propuesto, hoy fungen como agentes de transformación y vida para la iglesia latina y el resto del pueblo de Dios. Ella sirve de inspiración y modelo a un liderato desafiante.

Temas para reflexión y/o discusión

1. ¿Cuál es la característica personal de Ester que más le inspira? En su opinión, ¿cuáles son las características imprescindibles en un líder?

2. ¿En qué formas ejerció Ester su asertividad? ¿Cuáles criterios utilizó para identificar el momento oportuno y la mejor manera de impactar a quienes quería influenciar?

3. ¿Cómo se hizo líder Ester? ¿Qué nos enseña su ejemplo sobre la forma en que se desarrollan los líderes?

4. ¿De qué manera puede Ester servir de modelo para los líderes de hoy, para los jóvenes y para la mujer de hoy, en particular?

Juan el Bautista

Un líder que prepara el camino

Lecturas bíblicas recomendadas: San Mateo 3.1-12; San Marcos. 1.1-8; San Lucas 1.5–2.52; 7.18-35; San Juan 1.19-34; Hechos 1.5,22; 10.37; 11.16; 13.24,25; 18.25; 19.3,4

Introducción

Uno de los personajes bíblicos cuya vida y ministerio posiblemente puedan proveernos de una perspectiva amplia de lo que es un liderato asertivo y visionario es sin dudas Juan el Bautista. La tradición le ha dado a Juan el Bautista el apelativo de "Precursor de Jesús." Según los Evangelios, Juan aceptó la misión de ser aquel que anunciaría el advenimiento de Jesús, y el que prepararía el camino para quien, en sus palabras, era más poderoso que él y a quien él no era digno de desatarle la correa de su calzado (San Mateo 3.11,12). (Compare San Marcos 1.7,8; San Lucas 3.15-18; San Juan 1.24-28). Con respecto al ministerio de Jesús y a los acontecimientos que rodean su llegada, se puede decir que verdaderamente Juan entendió el liderato que debía ejercer.

Los Evangelios, especialmente los sinópticos, abundan en material narrativo sobre su persona y su mensaje. De estos, el Evangelio según San Lucas añade una narración sobre su nacimiento y los acontecimientos en torno al mismo (Vea San Lucas 1.5-25,39-52, 57-80). Estos relatos se entrelazan en varios temas a los de Jesús.

El Evangelio según San Juan hace importantes referencias sobre la persona de Juan, así como lo hace también el libro de los Hechos de los Apóstoles.

Origen del ministerio de Juan

Juan fue llamado del seno de una familia sacerdotal para ejercer una misión particular en medio del pueblo de Dios. Las circunstancias de su nacimiento evocan el relato de Samuel, el hijo de Ana y Elcana (Vea el estudio bíblico de Samuel). Juan fue el resultado de la oración de su padre, el sacerdote Zacarías, y de Elisabet, su mujer, ambos miembros de familias sacerdotales. Por ser ésta estéril y ser ambos de edad avanzada no habían tenido hijos. Cuando el ángel Gabriel le anuncia a Zacarías que le dará un hijo, el anuncio del nacimiento vino acompañado de su nombre: Juan; y de una promesa: un voto nazareo. De aquí en adelante su nombre y su vocación, la que asumió con gran celo, le convirtieron en una de las figuras más controversiales de su tiempo.

De acuerdo a los Evangelios la misión de Juan fue la de preparar el camino para la llegada de Jesús y preparar al pueblo para responder a esta llegada. El Evangelio según San Marcos cita:

> *Está escrito en el libro del profeta Isaías:*
> *"Envío mi mensajero delante de ti,*
> *para que te prepare el camino.*
> *Una voz grita en el desierto:*
> *'Preparen el camino del Señor;*
> *ábranle un camino recto.'"* San Marcos 1.2,3

Como precursor de Jesús, Juan entendió la responsabilidad y el desafío asociado a su ministerio. Se situó a sí mismo en la tradición profética de sus antepasados y declaró públicamente su vocación y las demandas de su mensaje. Aunque su aparición provocó controversia, su legitimidad como profeta de Dios no la podemos cuestionar. Jesús se refirió a él como profeta y como uno mucho mayor que un profeta (vea San Lucas 7.26).

El uso del término profeta es uno que ha variado de significado en el contexto de las comunidades de fe en la actualidad. Decimos sin embargo, que Juan era un profeta de Dios porque hacía lo mismo que los grandes profetas de la antigüedad de los que habla la Biblia. Juan proclamaba al pueblo la palabra de Dios. Reflexionaba sobre la situación en que el pueblo se encontraba, las circunstancias que rodeaban a este y anunciaba el mensaje de Dios al pueblo en su situación. El mensaje de un profeta podía ser uno de esperanza, de juicio o uno que anunciaba ambos destinos. Sea cual fuere el mensaje, el mismo estaba basado en la interpretación de la realidad que se estaba viviendo.

En el caso de Juan, como en el de los profetas de la antigüedad que le precedieron, hubo quienes dudaron y cuestionaron su autenticidad como el enviado de Dios. Según el Evangelio según San Juan, líderes judíos, probablemente personas de influencia religiosa, enviaron emisarios para preguntarle quién era—si Elías o el profeta—refiriéndose a un profeta que ellos esperaban (vea San Juan 6.14). Juan fue directo al responder que él no era el Mesías que ellos esperaban. Él señaló la llegada de Jesús, el verdadero Mesías (San Juan 1.19-23).

Precursor de Jesús

El ministerio de Juan sirve como transición entre los profetas del Antiguo Testamento y el ministerio de Jesús. Cierto es que las vidas de Jesús y de Juan estuvieron vinculadas desde el anuncio del nacimiento de ambos. Las palabras de Jesús en San Lucas 7.27 y San Mateo 11.10 confirman que Jesús reconoció y aceptó la misión de Juan de ser aquel que anunciaría su advenimiento. Juan por su parte aceptó también su rol de ser el que prepararía el camino para uno que, en palabras de Juan, era más importante que él y a quien él no era digno de desatarle la correa de sus sandalias. Verdaderamente Juan comprendió su rol de precursor y de preparador de la escena para aquel que vendría a ocupar el lugar principal.

En una ocasión, Jesús hace una referencia exquisita sobre la persona de Juan. Hablando a la gente sobre Juan, les dijo: "…entre todos los hombres, ninguno ha sido más grande que Juan…" (San Lucas 7.28a). Es posible concluir que Juan y Jesús reconocieron la vinculación de sus respectivos ministerios y vieron positivamente la fuerza que generaba la asociación entre ambos. Una mirada al contenido de la predicación de Juan el Bautista y al tipo de críticas que hacían de él aquellos que le despreciaban, revelan que a los ojos de muchos su vida y la de Jesús eran hasta cierto punto complementarias.

Es muy probable que cualquier controversia existente entre los discípulos de Jesús y los discípulos de Juan —como se infiere en San Marcos 2.18; San Mateo 9.14; San Lucas 5.33 y San Juan 10.40,41— o cualquier controversia sobre ellos en la iglesia primitiva (vea Hechos 19.1-7), haya tenido lugar en una época tardía del desarrollo de la iglesia. La mayor parte de las narrativas sobre Juan y Jesús reflejan que la relación entre ambos ministerios era tomada con familiaridad por la gente. Uno de los episodios más importantes durante la predicación de Juan ocurre cuando Jesús viene a donde él, en las riberas del Río Jordán, para que Juan le bautice. Según el relato:

> Jesús fue de Galilea al Río Jordán, donde estaba Juan, para que este lo bautizara. Al principio Juan quería impedírselo, y le dijo:
> —Yo debería ser bautizado por ti, ¿y tú vienes a mí?
> Jesús le contestó:
> —Déjalo así por ahora, pues es conveniente que cumplamos todo lo que es justo ante Dios.
> Entonces Juan consintió.   San Mateo 3.13-15

Vida y mensaje de Juan

La vocación de Juan estuvo encarnada en su diario vivir. Como había sido ordenado por el ángel al momento de su nacimiento, el vivió una vida austera, vistiendo y comiendo de la manera más simple (San Lucas 1.15). Hizo del desierto su casa y atrajo a su alrededor a una comunidad de seguidores a los que se les conocía como los discípulos de Juan. En su predicación él convocaba a las gentes al arrepentimiento y al bautismo.

Juan proclamaba no ser digno de desatar la correa del calzado de Jesús, a quien él anunciaba. Esta es una referencia a un trabajo que en aquellos tiempos era relegado a los esclavos que servían las casas. Juan se consideraba a sí mismo no merecedor de ser un siervo de Jesús. La referencia a los de más humilde servicio revela la humildad de carácter de Juan el Bautista.

Juan hizo demandas éticas a individuos e instituciones representativas de todos los extremos de la gama socio-política y económica de Israel. Por ejemplo, se refirió en su predicación a Herodes Antipas, famoso gobernante de Galilea, quien sostenía relaciones ilícitas con una mujer llamada Herodías, esposa de su hermano Felipe, es decir, su cuñada. Juan denunció esta relación. Esta referencia contra una de las personas de más poder en el gobierno refleja que el mensaje de Juan no estaba limitado a ciertos estratos de la sociedad. Su mensaje no estaba comprometido con audiencia alguna. Él era libre para anunciar al pueblo las demandas del mensaje del reino que estaba por llegar: su proclamación representó la radicalidad de su mensaje. Era un anticipo de la naturaleza del mensaje que posteriormente sería anunciado por Jesús mismo. Juan hizo también reclamos a los recaudadores de impuestos y a los soldados (San Lucas 3.12-14). Estos dos grupos eran famosos por los actos de injusticia que cometían contra la mayoría de la población. Muchos de estos actos eran posibles debido a la corrupción de las autoridades gubernamentales, a quienes, en muchas ocasiones, sólo les importaba recibir el importe de los impuestos económicos y apaciguar las revueltas populares. Los líderes intermediarios se aprovechaban de la debilidad de sus jefes para abusar de su poder y beneficiarse del pueblo. Estos exigían pagos ilegales y tomaban medidas represivas en contra de quienes se revelaban contra las injusticias.

Pronto el acierto de la predicación de Juan se convirtió en amenaza para las autoridades. Principalmente para Herodías, a quien le molestaba el que Juan señalara su relación ilícita con Herodes. Herodes, presionado por Herodías, había hecho apresar a Juan, pensando en apagar así su voz. Es interesante que Herodes reconoce a Juan como un hombre justo y santo. Aunque le teme al mensaje de Juan, reconoce que en él radica un poder legítimo.

Su predicación le dejaba perplejo hasta sentirse incapaz de dejar de escucharle. Cuando envió a Juan a la cárcel lo hizo con la intención de protegerlo. Sin embargo las buenas intenciones de Herodes no fueron suficientes para salvar la vida de Juan. Su debilidad de carácter se refleja en la manera en que queda atrapado por una promesa insensata que hizo a la hija de Herodías. Agradado por sus dotes de bailarina, Herodes le promete darle lo que le pida. En la fiesta de su cumpleaños, esta, instigada por su madre, le pide a Herodes que le entregue la cabeza de Juan el Bautista como regalo de cumpleaños, a lo que Herodes, presionado, accede.

De acuerdo a los Evangelios según San Marcos y San Lucas, Juan fue decapitado en la prisión por un soldado. Cuando sus discípulos se enteraron de su ejecución se llevaron su cuerpo y lo enterraron (San Lucas 6.29; San Mateo 14.12).

La influencia de Juan, no obstante, no terminó con su desaparición. De acuerdo a algunas fuentes históricas antiguas, es muy probable que algunos seguidores continuaron su movimiento. En la actualidad existe una pequeña secta bautista en Mesopotamia, conocida como los Mandeanos, identificados como seguidores de Juan.

Un liderato centrado en la misión

Una definición popular de la palabra líder enfatiza la idea de ser el primero o de ser el que va a la cabeza. Asociada a esta idea, está la noción de que un líder (o una líder) se convierte automáticamente en la persona principal o más importante de un grupo. El liderato de Juan el Bautista nos muestra lo contrario. En su caso, él siempre estuvo claro en que su función iría decreciendo a medida que Jesús y su mensaje se hicieran presentes. Él entendió que su misión se iría relegando a un segundo plano en función de una causa mayor a la suya: la llegada de Jesús.

Cuando Juan y sus discípulos empiezan a enterarse de las señales que Jesús realiza entre la gente y escuchan la fama que le acompaña, inmediatamente envían a dos discípulos a confirmar si este hombre de quien ellos oyen hablar es Jesús (San Lucas 7.18; San Mateo 11.2-19). Cuando los discípulos regresan a Juan para hablar sobre las señales de Jesús, este por su parte reprocha a su audiencia por su incredulidad, pues no han dado importancia al mensaje de Juan. La razón por la cual ellos aún no aceptaban a Jesús como el enviado de Dios, se debía a que, en primer lugar, no habían aceptado el mensaje de Juan que anunciaba a Jesús como uno más poderoso que él. Jesús les confronta con su auto-engaño. El concepto que ellos tienen sobre el Mesías les impide reconocer en la simpleza y la austeridad de Juan una señal de uno que legítimamente anuncia a Jesús. Si hubieran escuchado bien a Juan y creído en su mensaje, ahora serían capaces de reconocer que el que estaba frente a ellos era Jesús, el Hijo enviado de Dios.

El hecho de que Jesús era la figura principal, y no él, fue precisamente la posición que le dio fuerza a Juan para proclamar un mensaje radical a su audiencia, y la que en el momento fijado le permitió reconocer a Jesús como el Mesías esperado. Esa posición de precursor de uno mayor que él, en vez de empequeñecerle o de colocarle en una situación secundaria, le convirtió en una figura de fuerza, integridad y estimación.

> *En fin, ¿qué salieron a ver? ¿Un profeta? Sí, de veras, y uno que es mucho más que profeta. Juan es aquel de quien dice la Escritura:*
> *"Yo envío mi mensajero delante de ti,*
> *para que te prepare el camino."* San Lucas 7.26,27

A consecuencia del testimonio de Jesús a favor de Juan el pueblo se dividió, un grupo bautizándose con el bautismo de Juan y otros rechazándolo. Esta respuesta del pueblo y de los principales líderes religiosos provoca un fuerte pronunciamiento de Jesús a la audiencia. La predicación clara y directa de Jesús contrasta con la inseguridad y debilidad del carácter de aquellos que pretendían ser líderes del pueblo.

Las personas que ejercen ministerios dentro de las comunidades de fe son líderes dependiendo de la manera como desempeñan su tarea. Se convierten en líderes cuando ejercen sus tareas con dedicación y entrega; y al hacerlo educan, desafían y asumen riesgos. Un verdadero líder es aquel o aquella que realiza a cabalidad la misión encomendada sin titubear sobre razones de prestigio o aceptación personal. Generalmente se acostumbra a dar demasiado énfasis a la personalidad del líder, evaluándose el liderato a base de cualidades personales y subjetivas. En muchas ocasiones estas cualidades nada tienen que ver con la integridad del ministerio y la eficacia del trabajo que la persona lleva a cabo. Tomamos como pretexto la apariencia y estilo de la persona para no colaborar con nuestra parte. Al hacerlo así perdemos la perspectiva de que lo importante es realizar la misión que Dios ha puesto en nuestras manos. Aunque un verdadero líder (o una verdadera líder) sabe encarnar la misión que realiza, el verdadero liderato no se basa exclusivamente en lo que somos sino en lo que hacemos.

El liderato como eslabón

Aunque la vida y el ministerio de Juan se desarrollaron en el desierto y su forma de vida le separaba de la mayoría de sus compatriotas, Juan no fue un personaje que existió en el aislamiento. Respondiendo sobre sí mismo situó su mensaje en la tradición del profeta Isaías al citar las palabras de este antiguo profeta (San Juan 1.22,23). También los que escuchaban su mensaje, aunque no eran sus simpatizantes, le comparaban con el profeta Elías y le identificaban como el profeta que cumpliría con las expectativas que ellos tenían del profeta esperado. Claramente su mensaje resonaba en el mensaje de los profetas antiguos. Los evangelistas lo presentan como un eslabón entre los profetas y Jesús, y hasta entrelazan las profecías sobre el nacimiento de ambos.

Juan conoce y afirma el valor de la tradición profética que le antecede. Esta manera de verse a sí mismo como parte de una larga cadena en la historia de la salvación nos permite ganar perspectiva sobre qué es lo indispensable y vital en el ministerio cristiano. El liderato que ejercemos es importante en la medida en que el mismo sirve para dar testimonio de una realidad mayor a la realidad en la que nos encontramos. Cierto es que cada esfuerzo local que realicemos en la proclamación del evangelio de Jesucristo es importantísimo, y esta proclamación, igual que la de Juan, está basada en los cimientos de una tradición bíblica que comenzó antes que nosotros y que continuará en el trabajo de aquellos que nos sigan.

Un liderato que afirma la continuidad del ministerio cristiano, reconoce la aportación de aquellos cuya visión nos ha precedido, y busca fundamentarse en esa visión. También abre paso para que quienes vengan después de nosotros puedan continuar realizando aun mayores esfuerzos de los que nosotros hemos realizado.

Ningún liderato eficaz puede realizarse a expensas del reconocimiento y apreciación de quienes nos han precedido, a menos que seamos los pioneros en nuestro trabajo.

Conclusión

La figura de Juan el Bautista nos provee uno de los más radicales ejemplos de liderato. Comenzando con su nacimiento, el cual levantó la afrenta de su madre, hasta entonces estéril, también levantó la afrenta del pueblo oprimido por las autoridades religiosas y políticas de su tiempo. Pero Juan representa sobre todo lo central del liderato. Nuestra vocación primera es la de dar testimonio sobre Jesús. En su predicación Juan nunca olvidó que fue esta la tarea para la cual él fue separado, y anunció incansablemente al pueblo la llegada de uno más poderoso que él.

En Juan resalta también su humildad, entendida esta como su capacidad para reconocer que él estaba al servicio de un propósito mayor de Dios con la humanidad. Esta actitud le sirvió para atreverse a proclamar la verdad, aun a costa de su propia vida. Nunca comprometió su mensaje ni las demandas éticas de este. Su integridad y justicia fueron reconocidas aun por sus enemigos. Aunque nunca buscó reconocimiento, recibió de Jesús mismo la mayor de las alabanzas.

Las circunstancias en las que Juan tuvo que vivir fueron impuestas por el voto nazareo que le fue ordenado aun antes de su nacimiento. Aunque algunos pensaron menos de él porque sus vestiduras no eran tan lujosas como las de los poderosos de aquel entonces, esto no determinó su valor como uno a quien Dios había escogido. Él conocía el mundo y el ambiente que le rodeaba, y sabía entre quiénes se encarnaba la honestidad, la verdad y el poder. Cuando eleva a un esclavo sobre su propia persona, revela al mundo un anticipo de un nuevo reino en donde los valores artificiales del mundo serán reemplazados por la humildad y el valor del servicio.

La vida ermitaña de Juan no fue impedimento a su misión. Su proclamación alcanzó a todos y atrajo sobre sí seguidores. Sobre todo sirvió como señal de la llegada de Jesús. Él fue un eslabón importante en una larga historia de salvación que comenzó mucho antes que sus padres y que aun se mantiene viva entre los cristianos de hoy.

Temas para reflexión y/o discusión

1. ¿Qué aspectos de la vida de Juan te han impactado? ¿Qué modelo de liderato representa él?

2. ¿Cómo se puede fortalecer la relación entre los líderes de la iglesia? ¿Y entre los líderes de diferentes confesiones?

3. ¿Cómo podemos afirmar la continuidad de un ministerio relevante y profético en un contexto de transición?

4. ¿Qué similitudes existen entre el rol de Juan el Bautista y los líderes de hoy?

Lider anónima

Lecturas bíblicas recomendadas: Isaías 7.13,14; San Mateo 1.23; San Lucas 1.26-55; San Juan 2.1-11, 19.25; Hechos 1.14; Gálatas 4.4

Introducción

El cumplimiento del tiempo

Pero cuando se cumplió el tiempo, Dios envió a su Hijo, que nació de una mujer (Gálatas 4.4). Si volvemos nuestra vista hacia el pasado, remontándonos a finales del siglo VIII a.C. (año 740 a.C., aproximadamente), podemos encontrar en Jerusalén, la capital del reino de Judá, a un varón de nombre Isaías, a quien Dios encomendó una misión profética.

Isaías vivió en tiempos difíciles en los que los ataques del enemigo amenazaban a menudo al reino de Judá. Al mismo inicio de la misión profética de Isaías, el reino del Norte, Israel, y el reino de

Damasco, se aliaron contra el rey Ahaz de Judá, en lo que se conoce como la guerra siro-efraimita. Durante el transcurso de su vida de profeta, Isaías presenció la invasión de Senaquerib, el rey asirio. Antes de su muerte, Isaías fue testigo de la desaparición del reino de Israel, cosa que tomó lugar en el año 721 a.C., cuando los asirios sitiaron y destruyeron a Samaria.

Los acontecimientos históricos de la época influenciaron grandemente el mensaje del profeta Isaías. Durante la referida guerra siro-efraimita, como parte de su segundo mensaje al rey Ahaz, Isaías anuncia:

> *"Escuchen ustedes, los de la casa real de David.*
> *¿Les parece poco molestar a los hombres,*
> *que quieren también molestar a mi Dios?*
> *Pues el Señor mismo les va a dar una señal:*
> *La joven está encinta*
> *y va a tener un hijo,*
> *al que pondrá por nombre Emanuel."*
> Isaías 7.13,14

El niño del que nos habla Isaías era la señal de que los reyes Peka de Israel y Rezín de Siria no iban a prevalecer en su intento de arrebatar el trono a un descendiente de David. Y por lo tanto la joven encinta se refiere a una muchacha joven, en edad de casarse o ya casada, quien era probablemente conocida por el rey Ahaz, o tal vez su propia esposa.

El nombre simbólico "Emanuel," que significa en hebreo "Dios está con nosotros," era una reafirmación de la promesa divina de protección para el pueblo y para la dinastía del rey.

La versión griega del Antiguo Testamento conocida como la Septuaginta traduce como "virgen" la palabra que en el idioma hebreo de este texto puede ser traducida como "joven" y con ello, el texto cobra una significación mesiánica que no poseía en su forma original. De ahí que, aproximadamente 800 años más tarde, el escritor del primer Evangelio que aparece en nuestras biblias, San Mateo, aplique (San Mateo 1.23) la promesa de Isaías a nuestro Señor Jesucristo, y a María su madre, convencido de que en Jesús, se cumplen a cabalidad las esperanzas mesiánicas de Israel.

Es precisamente María, la madre de nuestro Señor, el sujeto de este ensayo, que ve la luz en un contexto en el que existe una perspectiva diferente del papel de la mujer, ya sea desde el punto de vista histórico o desde el punto de vista de nuestra vida moderna.

Contexto histórico y literario

Cuando consideramos la figura de María, encontramos dentro del cristianismo un amplio espectro de perspectivas. En un extremo del espectro, la tradición Católico-Romana ha expandido bastante lo que las Sagradas Escrituras nos enseñan acerca de María. En el otro extremo, los protestantes en su mayoría la han ignorado casi por completo, y se resisten a identificarla como una líder de la iglesia primitiva.

Tomando en cuenta lo dicho anteriormente, "María: Líder Anónima" nos parece un título apropiado para este ensayo que tiene como objetivo establecer un punto de vista balanceado y justo (1) que se apoye sólidamente en las Sagradas Escrituras; y (2) que nos permita descubrir en María un paradigma del líder cristiano.

En este ensayo revisaremos algunos pasajes del texto sagrado en los que interviene María. Analizaremos su participación y reacción, y trataremos de identificar características y dones presentes en ella, cuyo análisis sea útil, de una manera general a todos los que corren la carrera de la fe como discípulos de Cristo, y de una manera particular a aquellos a quienes Dios ha llamado a ser líderes dentro de la Iglesia.

Las noticias del ángel

…tendrás un hijo…Dios el Señor lo hará Rey, como a su antepasado David. San Lucas 1.31,32

A los seis meses, Dios mandó al ángel Gabriel a un pueblo de Galilea llamado Nazaret, donde vivía una joven llamada María; era virgen, pero estaba comprometida para casarse con un hombre llamado José, descendiente del rey David. El ángel entró en el lugar donde ella estaba, y le dijo:
—¡Te felicito, favorecida de Dios! El Señor está contigo.
María se sorprendió de estas palabras, y se preguntaba qué significaría aquel saludo. El ángel le dijo:

—María, no tengas miedo, pues tú gozas del favor de Dios. Ahora vas a quedar encinta: tendrás un hijo, y le pondrás por nombre Jesús. Será un gran hombre, al que llamarán Hijo del Dios Altísimo, y Dios el Señor lo hará Rey, como a su antepasado David, para que reine por siempre sobre el pueblo de Jacob. Su reinado no tendrá fin.

María preguntó al ángel:

—¿Cómo podrá suceder esto, si no vivo con ningún hombre?

El ángel le contestó:

—El Espíritu Santo vendrá sobre ti, y el poder del Dios altísimo se posará sobre ti. Por eso, el niño que va a nacer será llamado Santo e Hijo de Dios. También tu parienta Isabel va a tener un hijo, a pesar de que es anciana; la que decían que no podía tener hijos, está encinta desde hace seis meses. Para Dios no hay nada imposible.

Entonces María dijo:

—Yo soy esclava del Señor; que Dios haga conmigo como me has dicho. San Lucas 1.26-38

Identificando al líder

Del relato que nos hace San Lucas podemos aprender muchas cosas. La primera de ellas es que cualquier posición de liderato que ocupemos dentro de la Iglesia, se basa primordialmente en la opción de Dios. Dios nos escoge para ciertas funciones y para determinadas tareas dentro de su creación.

El liderazgo cristiano comienza, no con nuestra propia acción, sino con la iniciativa divina que por la acción del Espíritu Santo imparte dones dentro de la comunidad de fe para la edificación común de todo el cuerpo. El hecho de que seamos líderes es el resultado de la acción de Dios, de la elección de Dios. La persona del líder en sí misma es solamente recipiente del don divino. Con esto no queremos decir que la disciplina y el entrenamiento no jueguen un papel importante en el desarrollo posterior del don.

Identificando el don

En nuestros días se ha hecho bastante popular el uso de los inventarios de dones para identificar aquellos, dones y talentos, que Dios nos ha concedido y que pueden ser usados dentro de la

Iglesia o en la sociedad en general. Debemos tener en cuenta que en adición a los dones que podemos identificar hoy, se podrían añadir otros mañana; pues pueden existir otros dones que yacen latentes al presente y que podrían manifestarse y desarrollarse en el futuro.

El descubrir cuáles son nuestros dones significa, en la mayoría de los casos, descubrir la voluntad de Dios para nuestras vidas. Al descubrir nuestros dones estamos descubriendo para qué Dios nos ha escogido y cuál es su propósito para cada uno de nosotros.

Dios siempre quiere que descubramos su propósito para cada uno de nosotros. En el caso de María, el instrumento que Dios usó para revelarle el don, no fue un inventario de dones como los que conocemos hoy, sino la aparición de un ángel. De una manera o de otra, Dios siempre se las arregla para dejarnos ver su propósito y darnos a conocer nuestros dones.

El proceso de discernimiento espiritual ha probado ser un medio efectivo para el descubrimiento de los dones que nos ha conferido el Espíritu. Es importante pues, que procuremos tiempo para hablar con Dios y para escuchar lo que Dios tiene que decirnos acerca de nosotros mismos.

Reclamando el don

Una vez que sabemos para qué Dios nos ha escogido, necesitamos fe para poder asirnos de ese conocimiento. Algunos llaman a este proceso reclamar el don. La fe con que reclamamos el don no es algo que nosotros mismos somos capaces de producir.

La fe nunca es el producto de nuestra propia acción, sino un regalo de Dios. Por medio de la fe que Dios nos concede, podemos llegar a creer que los dones que hemos identificado son verdaderamente nuestros y que tienen un propósito. Por medio de la fe llegamos a creer que el Dios que nos ha dotado con esos dones los ha puesto o los pondrá a su servicio a su debido tiempo.

Puede ser que no entendamos algunos detalles, o que tengamos inquietudes y preguntas. El anuncio que el ángel hace a María hace que ésta se sienta confundida, pues ella sabe a ciencia cierta que no está teniendo relaciones íntimas con ningún hombre. Ante esta inquietud, María no se queda callada sino que pregunta: "¿Cómo podrá suceder esto, si no vivo con ningún hombre."

A menudo necesitamos aclaraciones acerca de nuestros dones. Estas aclaraciones no tienen que llegarnos necesariamente a través de la visita de un ángel. Generalmente nos llegan por medios comunes y corrientes tales como la oración, o las palabras de un consejero o consejera, amigo o amiga, pastor o pastora, o cualquier otra persona de la iglesia.

Si creemos en nuestros dones, reclamándolos como nuestros y creyendo en fe que han venido de Dios y que por lo tanto le pueden ser útiles a Dios, si los ponemos a su servicio, entonces nos convertiremos en árboles que llevan mucho fruto.

Desde luego, Dios puede usarnos aún cuando no hayamos identificado cuáles son nuestros dones y talentos, y aún cuando no estamos conscientes de que estamos siendo usados como instrumentos suyos; pero ciertamente, una vez que hemos identificado nuestros dones y que hemos creído que son nuestros por designio de Dios, se acelera el proceso de producir fruto. Dios, de acuerdo a su propósito, nos concede la fe para que creamos en nuestros dones.

En este sentido María es para nosotros el ejemplo de fe por excelencia. Dios le concede fe para creer la improbable noticia que un ángel le está comunicando. Dios le concede el valor para que se enfrente a las consecuencias de esa noticia. Y junto con la fe y el valor, Dios le concede el deseo y la voluntad de ponerse a su servicio.

Poniendo el don al servicio de Dios

Al decir "Que Dios haga conmigo como me has dicho." María acepta y hace suya la voluntad de Dios. Al declarar "Yo soy esclava del Señor," María acepta el don que Dios le está concediendo, y lo hace con humildad de corazón. Entonces, aún sin proponérselo se convierte en un líder que ha descubierto (por revelación), creído (por fe), y aceptado (por voluntad), el propósito de Dios. La respuesta que María da al ángel la convierte para cada uno de nosotros en un sobresaliente ejemplo de obediencia y humildad.

De nada sirve el don que nos ha sido concedido, si no estamos dispuestos a obedecer a Dios usando el don de acuerdo a su propósito y poniéndolo a su disposición, es decir, a su servicio. Al hacer esto, debemos hacerlo con humildad, no para alimentar nuestra propia vanagloria, sino reconociendo en todo momento que el don tiene su origen en Dios, que ha sido concedido por Dios, que nosotros somos meros recipientes del don, y que por lo tanto toda la gloria que resulte del ejercicio del don pertenece a Dios solamente. La obediencia humilde es el mejor fundamento del líder cristiano.

El cántico de María

"Mi alma alaba la grandeza del Señor." San Lucas 1.46

Por aquellos días, María se fue de prisa a un pueblo de la región montañosa de Judea, y entró en la casa de Zacarías y saludó a Isabel. Cuando Isabel oyó el saludo de María, la criatura se le estremeció en el vientre, y ella quedó llena del Espíritu Santo. Entonces, con voz muy fuerte, dijo:

—¡Dios te ha bendecido más que a todas las mujeres, y ha bendecido a tu hijo! ¿Quién soy yo para que venga a visitarme la madre de mi Señor? Pues tan pronto como oí tu saludo, mi hijo se estremeció de alegría en mi vientre. ¡Dichosa tú por haber creído que han de cumplirse las cosas que el Señor te ha dicho!

María dijo:
"Mi alma alaba la grandeza del Señor;
mi espíritu se alegra en Dios mi Salvador.
Porque Dios ha puesto sus ojos en mí, su humilde
esclava,
y desde ahora siempre me llamarán dichosa;
porque el Todopoderoso ha hecho en mí grandes cosas.
¡Santo es su nombre!
Dios tiene siempre misericordia
de quienes lo reverencian.
Actuó con todo su poder:
deshizo los planes de los orgullosos,
Derribó a los reyes de sus tronos
y puso en alto a los humildes.
Llenó de bienes a los hambrientos

y despidió a los ricos con las manos vacías.
Ayudó al pueblo de Israel, su siervo,
y no se olvidó de tratarlo con misericordia.
Así lo había prometido a nuestros antepasados,
a Abraham y a sus futuros descendientes."
San Lucas 1.39-55

Agradeciendo el don

Cuando María saluda a Isabel, ésta le responde diciendo: "¡Dios te ha bendecido más que a todas las mujeres, y ha bendecido a tu hijo! ¿Quién soy yo, para que venga a visitarme la madre de mi Señor?" Y al escuchar las palabras de Isabel, María siente que su fe está siendo reforzada, ya que su prima, llena del Espíritu Santo, la está reconociendo como madre de su Señor.

A las palabras de Isabel, María responde con un cántico que tiene la forma del salmo hebreo, y que está lleno de expresiones del Antiguo Testamento. Este cántico lo conocemos como el "Magnificat" debido a la primera palabra de su traducción al latín. En el "Magnificat" María expresa profusamente la alegría y el agradecimiento que siente por haber sido objeto de la elección de Dios.

El agradecimiento es una de las más fuertes, si no la más fuerte de todas las motivaciones que existen. Todo cristiano debe sentirse agradecido hacia Dios y ser motivado por ese agradecimiento. El agradecimiento surge del conocimiento y la comprensión de la magnitud de la obra de Jesucristo en favor de nosotros. El líder cristiano, en particular, debe vivir agradeciendo constantemente a Dios por los dones de liderato que le han sido concedidos.

Nuestro agradecimiento debe ser expresado en voz alta con todo tipo de acción de gracias. También en esto María nos sirve de ejemplo con su cántico. Al ser reforzada su fe por las palabras de su prima, María canta agradeciendo a Dios que la haya tenido en cuenta. Canta declarando que el Señor ha hecho grandes cosas en ella. María canta reconociendo la fidelidad de Dios. El líder cristiano debe expresar verbalmente y con frecuencia su agradecimiento a Dios.

El servir a Dios produce grandes bendiciones; pero estas bendiciones no están exentas de pruebas. Junto con la bendición

141

María Líder anónima

coexiste la prueba. Junto con la felicidad que produce servir a Dios, experimentamos el dolor de las dificultades y de las pruebas. Cuando esto ocurre, necesitamos recordarnos a nosotros mismos que nuestro papel nos ha sido asignado por Dios. La mejor manera que existe de recordarnos esto es agradeciéndole a Dios los dones que nos ha concedido.

Entendiendo el alcance que tiene el don y perseverando en el ejercicio del mismo

Entender el alcance de nuestros dones es de suma utilidad en tiempos de prueba. Enfocarnos en lo que Dios puede llegar a hacer o está haciendo por medio del don que nos ha concedido nos ayudará a perseverar en tiempos de dificultades. Soy pastor de una congregación urbana en la que las dificultades son tantas que a menudo me he sentido tentado a claudicar. Sin embargo, encuentro la fortaleza para seguir adelante cuando enfoco mi atención en lo que Cristo está haciendo en esta comunidad, a través de los dones que me ha concedido y que yo he puesto a su servicio.

Si alguien se enfrentó a grandes pruebas, esa fue María. La peor de todas, sin lugar a dudas, fue tener que presenciar la cruel crucifixión de su propio hijo (San Juan 19.25). Pero ella sabía el alcance que tenía la muerte de Jesús, y por aplicación directa, el alcance del don que Dios le había concedido al hacerla madre de Jesús. En su cántico, ella expresa ese alcance cuando dice que Dios está poniendo al humilde en el trono, deshaciendo los planes de los orgullosos y quitándole al que tiene mucho para darle al que nada tiene. El entender todo esto ayuda a María a mantenerse firme en la fe y le permite ser fiel hasta el final. Y así la encontramos, en la última ocasión que la mencionan (Hechos 1.14) las Sagradas Escrituras: fielmente congregada con el resto de los discípulos el día de Pentecostés.

La perseverancia es una característica indispensable para el líder cristiano. Si miramos nuestra propia vida o a nuestro alrededor, por doquiera encontraremos señales de proyectos que nunca fueron terminados: un programa de ejercicios que se descontinuó, una dieta que se abandonó, un libro que no se terminó de leer. Debido a la penetrante abundancia de la inconstancia en nuestras vidas debemos prestar la mayor atención a la virtud de la perseverancia, la cual es sumamente importante para el líder cristiano. ¡Cuánto daño causan a otros los líderes que abandonan la fe! ¡Cuánto daño se hace a la causa de Dios cuando obramos infielmente! ¡Cuánto desánimo transmitimos a otros cuando no terminamos lo que empezamos en la iglesia! El antiguo refrán dice: "Tanto nadar para ahogarse casi llegando a la orilla." ¿De qué sirve comenzar una casa si no se termina? ¿Podemos vivir en una casa que tiene paredes, pero que no tiene techo? Debemos perseverar en el ejercicio de los dones que nos han sido dados. En este aspecto también María nos sirve como ejemplo de fidelidad permanente. María se mantuvo siempre fiel hasta el fin. En ella el líder cristiano puede encontrar un ejemplo digno de ser imitado: Devoción y fidelidad a Jesucristo a lo largo de toda la vida.

La boda en Caná de Galilea

"Hagan todo lo que él les diga." San Juan 2.5

Al tercer día hubo una boda en Caná, un pueblo de Galilea. La madre de Jesús estaba allí, y Jesús y sus discípulos fueron también invitados a la boda. Se acabó el vino, y la madre de Jesús le dijo:

—Ya no tienen vino.

Jesús le contestó:

—Mujer, ¿por qué me dices esto? Mi hora no ha llegado todavía.

Ella dijo a los que estaban sirviendo:

—Hagan todo lo que él les diga.

Había allí seis tinajas de piedra, para el agua que usan los judíos en sus ceremonias de purificación. En cada tinaja cabían de cincuenta a setenta litros de agua. Jesús dijo a los sirvientes:

—Llenen de agua estas tinajas.

Las llenaron hasta arriba, y Jesús les dijo:

—Ahora saquen un poco y llévenselo al encargado de la fiesta.

Así lo hicieron. El encargado de la fiesta probó el agua convertida en vino, sin saber de dónde había salido; solo los

sirvientes lo sabían, pues ellos habían sacado el agua. Así que
el encargado llamó al novio y le dijo:
—Todo el mundo sirve primero el mejor vino, y cuando los
invitados ya han bebido bastante, entonces se sirve el vino
corriente. Pero tú has guardado el mejor vino hasta ahora.
Esto que hizo Jesús en Caná de Galilea fue la primera
señal milagrosa con la cual mostró su gloria; y sus discípulos
creyeron en él.   San Juan 2.1-11

Ningún otro texto de las Sagradas Escrituras sirve a nuestro propósito de presentar a María como líder mejor que la historia de la boda que tuvo lugar en Caná de Galilea.

De acuerdo a la costumbre, las fiestas de boda duraban varios días, y la boda en sí, se celebraba con una comida pública en la que solamente los hombres formaban parte del banquete formal.

Jesús y sus discípulos asistieron a la boda, en la que también se encontraba María, la madre de Jesús, posiblemente ayudando en el servicio.

Durante la fiesta, se termina el vino y María se dirige a su hijo, comentándole el hecho. Jesús responde a su madre diciéndole que la hora de mostrar su gloria no ha llegado; pero a pesar de ello, accede a su petición y convierte en vino el agua de seis tinajas.

¿Qué es un líder?
Un líder podría ser definido de muchas maneras diferentes. Si tomamos como referencia la historia de la boda en Caná de Galilea, podríamos responder a la pregunta "¿qué es un líder?" diciendo que un líder es alguien a quien Dios ha dotado con la capacidad de poder influir en otras personas.

Con esta definición podemos inmediatamente distinguir a María como un líder que emerge del contexto de las bodas en Caná de Galilea. Su petición influye en Jesús de manera que éste decide llevar a cabo un milagro para resolver el problema que se ha presentado.

Características de un líder útil y productivo
Generalmente los líderes son personas con una gran motivación

que pueden influir a otros. A continuación enumeramos algunas de las características del líder cristiano que ya han sido enumeradas anteriormente en este ensayo:

1. El líder cristiano debe ser alguien escogido y dotado por Dios para un trabajo específico. Por lo tanto el liderazgo cristiano comienza con la elección de Dios y con la capacidad conferida por Dios.

2. El líder cristiano debe haber identificado los dones que le han sido otorgados por Dios y debe entender que el ejercicio de los mismos es el cumplimiento de la voluntad de Dios para su vida.

3. El líder cristiano debe estar agradecido a Dios por los dones que ha recibido y debe expresarle a Dios esta gratitud con frecuencia.

4. El líder cristiano debe estar dispuesto a poner todos sus dones al servicio de Dios de una manera fiel y permanente. Su corazón es un corazón de servicio que se preocupa por los demás. Esto implica que:

   • tiene que estar dispuesto a sacrificarse por la causa del evangelio;

   • tiene que estar dispuesto a enfrentar pruebas y dificultades;

   • debe vivir orando y confiando en Dios; con su mirada puesta en lo que Dios está haciendo a través de su persona;

   • su corazón debe estar puesto en Dios y su meta debe ser la fidelidad a Dios. Dios no siempre nos llama a tener éxito; pero siempre nos llama a serle fieles.

Reconociendo la necesidad

Usemos a María como ejemplo para poder establecer una secuencia lógica del trabajo que envuelve el liderato cristiano. María se encontraba probablemente ayudando en el servicio de la boda y se enteró o se dio cuenta de que el vino se había terminado. De ahí inferimos que el primer paso en el liderazgo cristiano consiste en reconocer con claridad la necesidad. Si no reconocemos con claridad cuál es la necesidad corremos el riesgo de introducir necesidades artificiales, creadas por nosotros mismos.

Algunas personas en posición de liderato dentro de la iglesia no parecen comprender los problemas que tienen que resolver. Esto se debe generalmente a que mantienen sus ojos fijos en sí mismos, en vez de fijarlos en aquellos a quienes está destinado el beneficio de los dones que ellos poseen.

El líder cristiano debe ser un siervo de Dios y del prójimo, de la misma manera en que Jesús fue siervo de Dios y de todos nosotros. Si mantenemos nuestra vista fija en los que nos rodean, tenemos más posibilidades de llegar a reconocer con claridad las necesidades que se presentan entre aquellos a quienes Dios nos ha llamado a servir.

Preocupándose por la necesidad

Al saber que se había acabado el vino, María inmediatamente hace frente a la necesidad para tratar de evitarle el bochorno a los anfitriones de la fiesta.

Por lo tanto, del ejemplo de María podemos deducir el segundo paso en el liderazgo cristiano: preocuparse personalmente por la necesidad para tratar de buscarle una solución.

Las personas que se preocupan por las necesidades de otros, logran cosas inimaginables. El preocuparse por las necesidades de los demás es una señal inequívoca de que Dios nos ha llamado a su servicio. Al escogernos como líderes, Dios pone en nuestro corazón preocupación por las necesidades ajenas.

Buscando la solución

Por supuesto que una vez que hemos identificado una necesidad, no somos útiles a menos que tratemos de encontrarle una solución, ya sea total o parcial.

Después de haber tomado la iniciativa de ayudar a resolver el problema, María decide el curso de acción a tomar para solucionarlo. Por lo tanto el tercer paso en el liderato cristiano es procurarles solución a los problemas que se presentan. En el caso de las bodas de Caná, todo lo que María tenía que hacer era llevar el problema a su hijo e involucrarlo en el asunto. De esta manera se le acerca y le dice: "Ya no tienen vino."

El líder cristiano busca soluciones a los problemas agradeciendo a Dios la oportunidad que le ofrece de servir a otros y alabando a Dios por haberle dado una oportunidad más para ser útil. Una clara señal de que el don de Dios está presente en nosotros, es la satisfacción que sentimos ante la posibilidad de ayudar a resolver un problema que se presenta.

Cuando estamos en busca de la solución a un problema nos enfrentamos a tres fases diferentes: (1) evaluación del problema, (2) búsqueda de posibles soluciones, que incluye consultar a Dios en oración, y (3) decisión de un curso de acción adecuado.

La primera de esas fases es una evaluación cuidadosa de la situación, que en algunos casos podría incluir el reconocimiento de que nosotros mismos somos parte del problema. Tratemos de llegar a conocer la necesidad a fondo, documentándonos por todos los medios posibles y tratando de descubrir las causas del problema.

La segunda fase consiste en hacer un inventario de las diferentes formas en que puede solucionarse el problema, presentando a Dios la necesidad que existe y teniendo confianza en que él nos ha de indicar la solución adecuada.

La tercera fase consiste en decidir un curso de acción, es decir, decidir cuál de las posibles soluciones pondremos en práctica. Este curso de acción deberá ser la respuesta que resulte de un proceso de discernimiento espiritual que comienza en la segunda fase cuando llevamos el problema a Dios en oración.

Poniendo la solución en práctica

A la petición de su madre, Jesús responde: " Mujer, ¿por qué me dices esto? Mi hora no ha llegado todavía." Pero María no se da por vencida con esta respuesta, sino que dice a los que estaban sirviendo: "Hagan todo lo que él les diga."

Aquí María se nos presenta inequívocamente como un líder que se las arregla para dar solución al problema. Ella soluciona el problema al dirigirse a su hijo, quien a pesar de su resistencia inicial, es influenciado por ella a transformar el agua en vino. De aquí aprendemos el cuarto paso: poner en práctica la solución que hemos decidido.

No todos los problemas a que nos enfrentamos pueden ser resueltos por nosotros mismos. Con frecuencia tenemos que recurrir a otras personas, quienes casi siempre son profesionales en la materia. El éxito dependerá, en toda instancia, de lo adecuado que sea el curso de acción que hemos decidido.

Debemos enfatizar la importancia de involucrar a Dios en el asunto, presentándole la petición en oración. De esto depende en gran manera que el discernimiento del curso de acción sea el adecuado.

A menudo he tenido que enfrentarme a problemas que parecen tener una solución muy difícil o complicada. Estos, sin embargo, se han resuelto con increíble facilidad después que los he llevado ante Dios en oración por cierto período de tiempo.

En ningún momento debemos subestimar el poder de Dios. Recordemos las palabras del ángel durante la anunciación: "Para Dios no hay nada imposible" (San Lucas 1.37).

Evaluando la solución

Muchas veces nos preocupamos tanto con la solución de un problema, que al final nos olvidamos de evaluar el resultado producido. El trabajo no está terminado hasta que confirmemos que la necesidad ha sido realmente satisfecha o que el problema ha sido realmente resuelto, ya sea parcial o totalmente. En las bodas de Caná, el encargado de la fiesta probó el vino y expresó su sorpresa al novio diciéndole: "Todo el mundo sirve primero el mejor vino, y cuando los invitados ya han bebido bastante, entonces se sirve el vino corriente. Pero tú has guardado el mejor vino hasta ahora."

De cualquier manera, el trabajo no está completo si no damos el último paso: evaluar el resultado que produjo el curso de acción tomado. Si el resultado no es satisfactorio, debemos tratar otra alternativa y comenzar nuevamente el proceso de búsqueda de una solución.

Algunas veces tenemos que esperar pacientemente por la solución, pues es algo que no puede lograrse de inmediato. Otras veces la solución no aparece en el horizonte, o difiere de nuestras expectativas. Aceptar esto es en sí una solución.

Al hacer esta evaluación debemos tener en mente la popular oración que dice: "Señor, dame valor para cambiar las cosas que puedo cambiar; resignación, para aceptar aquellas que no puedo cambiar; y sabiduría para distinguir la diferencia entre unas y otras."

Recordemos siempre que, después de todo, el liderato cristiano comienza y concluye con la acción de Dios.

Temas para reflexión y/o discusión

1. ¿Cómo define a un líder este ensayo? ¿Qué piensa usted de esta definición?

2. ¿Qué características del líder cristiano se enumeran en este ensayo? ¿Podría usted agregar algunas más?

3. ¿Cuál es la secuencia lógica del trabajo de un líder?

4. ¿Cómo ha impactado su liderato la lectura de este ensayo?

La Mujer Samaritana

Una líder improbable

Lectura bíblica recomendada: San Juan 4.1-42

Introducción

En la Biblia hay una gran diversidad de personajes que llegaron a ser importantes líderes del pueblo de Dios. Por ejemplo, el libertador Moisés, la temeraria Débora, el carismático rey David y el legendario sabio Salomón, entre otros. También hay numerosos líderes cuyas aportaciones fueron mucho menos vistosas. A pesar de que a estos últimos los olvidamos con frecuencia, de todos modos representaron una gran bendición para su comunidad y pueden resultar de gran inspiración para aquellos que en el presente procuramos revivir el aporte que ellos hicieron en su tiempo a la historia del pueblo de Dios. En estas páginas reflexionaremos sobre uno de esos personajes bíblicos menos conocidos y en quien raramente pensamos cuando hablamos del liderato cristiano: la mujer samaritana.

La mujer samaritana aparece una sola vez, en el capítulo 4 del Evangelio según San Juan. De ella sabemos unas cuantas cosas, pero no su nombre. Sabemos, por ejemplo, que tuvo un encuentro muy especial con Jesús y que a raíz de ese encuentro sembró la semilla por la cual muchas personas llegaron a Cristo. El alcance de su liderato se encuentra encerrado en una profunda y enigmática conversación teológica, en la que la mujer samaritana no representa una posición estrictamente individual sino la voz de su comunidad misma. En ese diálogo, las palabras de Jesús representan, a su vez, un mensaje de salvación para la comunidad entera.

Debido tanto al interés de esta mujer, al mensaje de Jesús, a la tradición y a los problemas de su pueblo, la conversación junto al pozo de Jacob nos ofrece una lección de suma importancia. Los judíos, los samaritanos contemporáneos de Jesús y mas tarde la iglesia primitiva, atesoraron el mensaje de ese encuentro. El mensaje sigue siendo relevante para los líderes cristianos de hoy, quienes trabajan en un mundo plagado de divisiones y hostilidades aun entre los mismos cristianos que proclaman ser hijos de Abraham.

Contexto histórico y social

Al igual que cualquier otro ministerio que podamos imaginar, el liderato de la mujer samaritana pasó por muchas dificultades. En su propio caso, esas dificultades no fueron solamente personales sino también sociales, como ciertas dinámicas rituales que afectaban las relaciones entre judíos y no judíos; las limitaciones impuestas sobre la mujer y las expectativas que se tenían de ella, —especialmente en lo que concernía al liderato— y, finalmente, las hostilidades históricas entre judíos y samaritanos. Veamos en detalle estas dificultades.

En primer lugar, las diferencias de práctica ritual entre judíos y samaritanos. Las reglas de alimentación y el sistema de pureza eran tan importantes para la comunidad judía como lo era la estricta observancia del sábado. Todas esas prácticas no sólo identificaban a los judíos como judíos, sino que además los separaban de otras comunidades, en particular la de los samaritanos. Dentro de la comunidad judía, a una persona se le podía considerar impura por su condición física o moral, o por haber adquirido un estado de impureza por contacto con alguien o con algo impuro. Entre aquellas cosas que podían causar impureza se encontraban, por ejemplo, el mobiliario de un cuarto donde había un cadáver; una mujer después del parto; una mujer durante su menstruación, incluyendo el lugar donde dicha mujer se sentaba; cualquier contacto con una persona con flujo de sangre o cualquier otra forma de descarga corporal; vasijas tocadas por esa persona; contacto con un animal impuro, un animal muerto, o contacto con un horno, vasijas o utensilios que habían estado expuestos al animal; una persona con lepra o cualquier contacto con un leproso, así como la vivienda y la ropa de un leproso; la ingestión de cualquier animal (incluyendo animales permitidos) que hubiesen muerto por causas naturales, así como cualquier forma de contacto con dichos animales. La lista era interminable. En cuanto a la impureza causada por contacto con algo o alguien impuro, esa impureza podía erradicarse mediante ciertos ritos de purificación. Luego de la purificación ritual, el individuo podía volver a participar de los privilegios reservados para aquellas personas que observaban un alto nivel de pureza. Sin embargo, la comida impura estaba absolutamente prohibida; se la consideraba abominable y no existía rito alguno de purificación para revertir el tremendo daño que podía haber causado.

Una persona ritualmente impura no podía acercarse a Dios y, en consecuencia, tampoco podía entrar al templo. Según las reglas judías, a los samaritanos, así como a los gentiles o paganos, siempre se les había considerado impuros, y a las mujeres samaritanas, como a las gentiles, se les consideraba especialmente impuras. Hay evidencias de que muchos judíos también se abstenían de ingerir carne y vino de los gentiles; en su mayoría, los judíos se abstenían de consumir aceite de los gentiles, y algunos judíos se abstenían de todo alimento de los gentiles. Debido a que los samaritanos no se regían por estas prescripciones, los judíos los veían como una potencial fuente de impureza. Como no había manera de corroborar si un samaritano observaba o no las prescripciones rituales de los judíos, éstos optaban por mantenerse a distancia.

De hecho, a las mujeres samaritanas se les llegó a describir en la literatura rabínica como muy impuras, como "menstruantes desde la cuna". Aunque resulta difícil precisar qué porción de la comunidad a la que perteneció Jesús seguía estrictamente esas prescripciones rituales, es muy probable que dicha comunidad haya optado por evitar, hasta donde le fuese posible, cualquier contacto con gentiles y samaritanos y, en particular, con *mujeres* samaritanas. Los antropólogos señalan que, en la antigüedad, las divisiones sociales entre hombres y mujeres estaban muy claramente delineadas. Así, por ejemplo, se estipulaba estrictamente que las mujeres debían limitarse a las tareas relacionadas con el cuidado de la casa y de los niños. También se separaba estrictamente el espacio habitado por los varones del espacio en el cual se movían las mujeres, de allí que los hombres que no eran de la familia no tuviesen acceso al área de la casa reservada para las mujeres. En relación con esto, generalmente se consideraba inapropiado que las mujeres hablaran en público, a menos que estuvieran acompañadas por un hombre. Aun más, los maestros o rabinos debían abstenerse de hablar con mujeres. Evidentemente, la estructura social en tiempos de Jesús hacía muy difícil que una mujer ocupase una posición de liderato dentro de su comunidad.

La relación tan peculiar entre judíos y samaritanos nos es de interés especial para comprender la importancia del llamado y el discipulado de la mujer samaritana. Dicha relación siempre dio mucho que hablar. De hecho, el nombre Samaria y sus derivados samaritana y samaritano se repiten cinco veces del versículo 4 al 9 de esta narración. Los judíos y samaritanos tenían serios conflictos políticos entre sí, además de marcadas diferencias religiosas. Samaria era la región al norte de Palestina, donde se habían asentado originalmente las tribus descendientes de José: Efraín y Manasés. Durante muchos siglos, Samaria y Judá, al sur, habían estado incorporadas al mismo reino. Luego de la muerte del rey Salomón, las tribus del norte negaron su apoyo a la dinastía de su hijo Roboam y establecieron su propio reino con capital en Siquem, al pie del monte Gerizim, a unas cuarenta millas (64 kilómetros) al norte de Jerusalén. Cuando la región de Samaria fue invadida por los asirios en el 722 a.C., muchos de sus habitantes fueron deportados, mientras que colonos asirios procedentes de Mesopotamia se establecieron en la región. En la época previa a la invasión, el reino del Norte, es decir, Samaria, había organizado una coalición para detener la invasión asiria, pero Judá se negó a prestarles apoyo y procuró aliarse con los invasores. El resultado fue la destrucción del reino del Norte. Durante el período helenístico (325-63 a.C.) se reconstruyó la ciudad de Siquem y se edificó un templo en Gerizim. Mucho tiempo después, en 108 a.C., Juan Hicarno lo destruyó y Samaria fue incorporada a Judea. Finalmente, Judá, o Judea, fue conquistada por Herodes el Grande (30 a.C.). Como podemos ver a través de esa larga historia de múltiples conquistas en la región, en ocasiones Samaria y Judea formaron parte de un mismo territorio político y en ocasiones estuvieron separadas. Debido a esa variable y compleja relación, ambos pueblos terminaron por mirarse con recelo y desconfianza, tratándose a diario con hostilidad y desprecio.

Las referencias del Nuevo Testamento a los samaritanos aluden a un grupo étnico-religioso cuyo centro cultural se hallaba en el monte Gerizim, pero que además contaba con santuarios y comunidades religiosas en otros lugares de la región. Los samaritanos se consideraban a sí mismos descendientes de los israelitas y sostenían que observaban las tradiciones de la Tora (o Ley de Moisés). A diferencia de los judíos, los samaritanos sólo aceptaban la Tora, no las interpretaciones que los judíos hacían de ella ni los otros libros que formaban para de las Escrituras judías, y adoraban a Yahvé (el nombre hebreo de Dios, que habitualmente traducimos como Jehová) en su santuario de Siquem, independientemente del sistema religioso prevalente en el santuario de Jerusalén, la capital de Judá. Para los samaritanos, Siquem era un lugar aún más importante que Jerusalén pues había sido en ese monte donde Jacob había tenido la visión de la escalera que ascendía hasta el cielo y por la cual subían y bajaban los ángeles de Dios (Génesis 28). Tras esa visión Jacob bendijo el lugar y lo llamó "casa de Dios", por lo que los samaritanos argumentaban que Gerizim, no Jerusalén, constituía la legítima morada de Jehová y, en consecuencia, el sitio donde se le debía adorar.

Los samaritanos solían recordarle a sus vecinos judíos que había sido en ese mismo lugar y ocasión, en Siquem, que Dios le había dado una revelación especial a Jacob sobre las cosas que habrían de suceder en el tiempo del Mesías. Al igual que los judíos, también los samaritanos esperaban un Mesías. Según ellos, el Mesías habría de ser un líder como Moisés, y a su llegada, se haría presente y visible en el templo en el monte Gerizim. También creían que la función del Mesías consistiría en restaurar la adoración verdadera, no en establecer un reinado político, como afirmaban otros grupos contemporáneos. Por su parte, los judíos se referían a los samaritanos como descendientes de los pueblos que habían invadido al reino del Norte durante el período asirio y, por lo tanto, como raza espuria. En la época de Jesús, las hostilidades entre judíos y samaritanos mantenían su vigor: a los samaritanos se les prohibía el acceso al templo de Jerusalén. En el libro de Eclesiástico, escrito en Jerusalén alrededor del año 180 a.C., se hace la siguiente afirmación:

> *"Hay dos naciones que aborrezco,*
> *y otra más que ni siquiera merece el nombre de nación:*
> *los habitantes de Seír, los filisteos*
> *y la estúpida gente que vive en Siquem [es decir, los*
> *samaritanos]."* Eclesiástico 50.25,26

En síntesis, entre la mujer samaritana y Jesús existían serias barreras sociales no sólo porque ella era mujer sino porque además era de Samaria, un pueblo con una larga historia de hostilidades contra los judíos, quienes a su vez menospreciaban a los samaritanos por considerarlos una raza mezclada o mestiza. En vista de esas dificultades, el hecho de que Jesús se acercara específicamente a la mujer samaritana tuvo una significación muy grande, tan grande como el impacto que esa mujer habría de ejercer en la sociedad de su tiempo tras su encuentro con él.

El llamado de la mujer samaritana

Muchas otras personas en posiciones menos comprometidas que la de la samaritana habían tenido la oportunidad de ser guiadas y transformadas por Jesús. Por ejemplo, el fariseo Nicodemo, hombre de reputación entre los suyos, a quien Jesús le habló de un nuevo nacimiento. Pero Nicodemo encontró muy difícil esta noción de un nuevo nacimiento. ¿Cómo podría alguien nacer de nuevo? La mujer samaritana también debió lidiar con el reto del mensaje de Jesús, que hablaba de una realidad que trascendía el conocido ámbito terrenal. Pero a diferencia de Nicodemo, la samaritana estuvo dispuesta a seguir el hilo y la lógica de la conversación paso a paso hasta que experimentó en carne propia ese nuevo nacimiento que a Nicodemo le resultaba imposible aceptar.

Pasemos ahora a la historia de dicho encuentro en el Evangelio según San Juan. Se trata de una historia que acontece como parte de una conversación teológica dentro de un marco rico en símbolos que aluden a las tradiciones de los descendientes judíos y samaritanos de Abraham. Debido a la importancia de esos símbolos para entender el contenido teológico del diálogo, el evangelista se asegura de proveer todos los detalles del lugar y la ocasión en que ocurre dicho encuentro:

> *Los fariseos se enteraron de que Jesús hacía más discípulos y bautizaba más que Juan (aunque en realidad no era Jesús el que bautizaba, sino sus discípulos). Cuando Jesús lo supo, salió de Judea para volver a Galilea.*
> *En su viaje, tenía que pasar por la región de Samaria. De modo que llegó a un pueblo de Samaria que se llamaba Sicar, cerca del terreno que Jacob había dado en herencia a su hijo José. Allí estaba el pozo de Jacob. Jesús, cansado del camino, se sentó junto al pozo. Era cerca del mediodía.*
> San Juan 4.1-6

Jesús comienza este interesante viaje debido a los conflictos de poder entre diferentes grupos religiosos: los seguidores de Juan el Bautista, quienes argumentaban sobre quién de los dos, Juan o Jesús, estaba bautizando más gente, y los fariseos, quienes se sentían amenazados por el ministerio de Jesús. Jesús llega a un pueblo en Samaria llamado Sicar, que varios manuscritos bíblicos identifican con Siquem, donde se halla el pozo de Jacob, el lugar que Jacob había comprado y en el cual su hijo José fue sepultado (Josué 24.32). A pesar de que el pozo de Jacob no se menciona en el Antiguo Testamento por su nombre, a Jacob se le asociaba con pozos, especialmente con el pozo de Labán, donde Jacob se comprometió con Raquel. (Había una tradición según la cual Jacob había hecho desbordar el pozo milagrosamente). Jesús estaba cansado por el viaje. Era la hora sexta a partir del amanecer, es decir, alrededor del mediodía. Así pues, Jesús se encuentra en medio de un pueblo enemistado con los judíos, pero con quienes éstos comparten las mismas historias de peregrinaje espiritual de los patriarcas y de esperanza mesiánica.

En medio de ese pueblo samaritano, un hombre judío —Jesús— y una mujer samaritana —sin nombre— se encuentran junto a un pozo de agua a la hora del mediodía. Para nuestras mentes contemporáneas, ese encuentro quizás resulte insignificante, pero en la mente de los judíos y samaritanos de entonces la escena evocaba momentos importantes de su historia como pueblos de Dios. En efecto, los pactos matrimoniales de los grandes patriarcas del Antiguo Testamento, notablemente Isaac (Génesis 24.10-61), Jacob (Génesis 29.1-20) y Moisés (Éxodo 2.15-21), habían tenido lugar junto a un pozo de agua. Por lo tanto, el encuentro de Jesús y la samaritana junto al pozo de Siquem ciertamente poseía un simbolismo único, pues aludía a una unión tanto en la tradición judía como en la tradición samaritana. Es importante que mantengamos en mente este símbolo de unión conforme avancemos con el relato del encuentro. Así continúa el relato de San Juan:

> *Los discípulos habían ido al pueblo a comprar algo de comer. En eso, una mujer de Samaria llegó al pozo a sacar agua, y Jesús le dijo:*
> *—Dame un poco de agua.* San Juan 4.7,8

Naturalmente, la mujer samaritana responde con sorpresa, aunque no huye de la situación ni rechaza de plano la petición de Jesús. Por el contrario, parece que desea conocer más acerca de ese extraño que le ha hablado junto al pozo:

> *Pero como los judíos no tienen trato con los samaritanos, la mujer le respondió:*
> *—¿Cómo es que tú, siendo judío, me pides agua a mí, que soy samaritana?* San Juan 4.9

El narrador explica la reacción de la mujer diciendo que los judíos "no tienen trato" con los samaritanos. Los biblistas afirman que el término griego que aquí se traduce como "no tienen trato" en realidad quiere decir "no se relacionan". La idea de "relación" puede aludir a vínculos cercanos o lejanos (aspecto social) como al uso de los mismos utensilios, en este caso, un mismo cántaro de agua. Por ello, la petición de Jesús podría considerarse como una violación de las prescripciones rituales de pureza (aspecto religioso). Implícita en la contestación de la mujer se encuentra también la dificultad de las relaciones sociales entre hombres y mujeres. Más adelante en la historia se dice que cuando llegaron los discípulos, éstos "se quedaron extrañados de que Jesús estuviera hablando con una mujer. Pero ninguno se atrevió a preguntarle qué quería, o de qué estaba conversando con ella" (San Juan 4.27). El hecho de que los discípulos no se atrevieran a cuestionar a Jesús sugiere que, a pesar de que no entendían su conducta, de todas maneras suponían que éste no estaba dispuesto a aceptar una actitud de rechazo por parte de ellos.

Jesús no discute la cuestión de la relación entre judíos y samaritanos, ni entre hombres y mujeres. Es obvio que no le interesa discutir conflictos; por el contrario, su respuesta dirige la atención de la mujer samaritana hacia el discipulado cristiano, esa base espiritual sobre la cual se construye el puente que hace posible la unión con Dios, pero siempre con el propósito de asegurar el bienestar de la comunidad entera: "Si supieras lo que Dios da y quién es el que te está pidiendo agua, tú le pedirías a él, y él te daría agua viva" (San Juan 4.10). Esta respuesta puede dividirse en dos partes: la condición "Si supieras..." y el resultado "le pedirías...". Si la mujer tan sólo supiera qué es lo que Dios puede darle y quién es ese desconocido que le está pidiendo de beber, obviamente podría responder de una manera muy diferente y ya no se vería más limitada por ninguna de esas obstinadas barreras que le impedían pedir y recibir libremente. Pero, ¿cómo se podrían vencer semejantes barreras? Por otra parte, ¿qué es lo que Dios da?

El Evangelio según San Juan habla de numerosas cosas como dadas por Dios: la enseñanza, la gloria, el Espíritu, aquello que se pide en oración y, sobre todo, la vida, para mencionar algunas. Pero no era suficiente que Jesús simplemente le hablara de lo que Dios había dado. El conocimiento al que Jesús se refiere implica mucho más que obtener información mediante un proceso mental: se trata de una profunda experiencia espiritual. ¿Pero cómo llegar a ese punto? Por ahora, todo cuanto la samaritana desea saber es en qué consiste esa agua viva que Jesús, un hombre judío que ella desconoce, asegura que puede ofrecerle:

*"Señor, no tienes con qué sacarla, y el pozo es muy
hondo. ¿De dónde, pues, tienes el agua viva?
"¿Acaso eres tú mayor que nuestro padre Jacob, que nos
dio este pozo, del cual bebieron él, sus hijos y sus ganados?"*
San Juan 4.11,12, RVR

La samaritana no puede sino advertir lo que es obvio: que Jesús
no tiene cántaro para sacar agua del pozo, el cual, además, es
muy profundo. Ella no tiene manera de saber que el agua viva no
pertenece al mundo material ni se obtiene porque uno meramente posea los medios adecuados, ni tampoco es un privilegio
limitado a aquellos que poseen ciertas cualidades o calificaciones.
Pero hay algo más que le inquieta a la mujer samaritana y que
tiene que ver con la memoria y el legado de sus antepasados a
partir de Jacob: ¿acaso ese desconocido judío está tratando de
desacreditar dicho legado?; ¿cómo se atreve?; ¿o acaso pretende
hacer algo más grande que lo que hicieron Jacob y sus descendientes, quienes les legaron a los samaritanos ese pozo en medio
de un desierto sin posibilidades? Para la mujer, ese pozo, en ese
sitio tan familiar, no sólo ha calmado día tras día la sed material
de su comunidad samaritana durante generaciones, sino que ese
pozo sobre todo atestigua que su propio pueblo también estaba
profundamente ligado a los patriarcas, al pacto y a Dios, a través
de su antepasado Jacob, quien había sido bendecido por el Señor
precisamente en ese lugar. ¡Ese pozo de alguna manera había
sido y seguía siendo una fuente de agua "viva"! Esta mujer ya
conocía el pozo, regalo de Jacob, lo que aún desconocía era el
regalo de Dios. Jesús lo expresa de la siguiente manera: "Todos
los que beben de esta agua, volverán a tener sed; pero el que
beba del agua que yo le daré, nunca volverá a tener sed. Porque
el agua que yo le daré se convertirá en él en manantial de agua
que brotará dándole vida eterna" (San Juan 4.13,14).

Nuevamente, la respuesta de Jesús no intenta debatir quién es
mayor, sino sugerir la incapacidad de ese pozo de satisfacer la sed
para siempre. Para Jesús no hay nada malo con ese pozo ni tampoco se trata de cuestionar o negar el legado de los patriarcas. Lo
obvio, insinúa Jesús, no se puede ignorar: aun las bendiciones
materiales, si bien perecederas, tienen su propósito y en ese caso

159

es calmar la sed física. Pero Jesús quiere ir más allá, porque intuye la profunda sed espiritual y emocional de la samaritana, sed que el agua del pozo no puede calmar. ¡Lo que Jesús anhela en su corazón es que esa mujer, y muchos otros a través de ella, encuentren una fuente de vida no perecedera! Es tan persuasivo en sus palabras, que la samaritana finalmente le suplica: "Señor, dame de esa agua, para que no vuelva yo a tener sed ni tenga que venir aquí a sacar agua" (San Juan 4.15). Con esta última petición se cierra el círculo que Jesús había anticipado cuando le dijo a la samaritana: "Si supieras… pedirías…" Pero hay algo más: en contraste con el agua encerrada en el pozo de Jacob, el agua de la que Jesús habla brota de una fuente que no cesa jamás. La imagen del agua viva es la de un agua que fluye continuamente, un agua que todo lo alcanza y todo lo penetra, que llega a todas partes y a todos aquellos que están alrededor, no un agua quieta, inmóvil, escondida en las profundidades de la tierra, en un pozo amurallado, al que uno tiene que ir día tras día con los medios adecuados.

El propósito del agua viva, símbolo de la vida abundante que Jesús quiere compartir con otros, consiste en fluir constantemente. El agua viva de la cual Jesús le habla a la samaritana puede saciar su sed y la sed de muchos otros pues no separa ni excluye a nadie, a diferencia de las barreras que se habían erguido entre judíos y samaritanos y entre hombres y mujeres. Este concepto de inclusión se convierte en la piedra fundamental del liderato cristiano de hoy. En efecto, Jesús enseñó y puso en práctica un ministerio dirigido a unir, no a separar. Al igual que el agua de vida, el liderato cristiano de hoy, también don de Dios, debe fluir constantemente en dirección de los demás, de sus necesidades y de sus posibilidades.

La siguiente porción de la conversación comienza cuando Jesús cambia el tema abruptamente, diciéndole:

> —*Ve a llama a tu marido y vuelve acá.*
> *La mujer le contestó:*
> —*No tengo marido.*
> *Jesús le dijo:*
> —*Bien dices que no tienes marido; porque has tenido cinco maridos, y el que ahora tienes no es tu marido. Es cierto lo que has dicho.* San Juan 4.16-18

Este segmento es extremadamente enigmático. ¿Qué razón pudo haber tenido Jesús para pedirle a la samaritana que llamase a su marido? Aparentemente, ninguna. Por otra parte, no hay en la narración ninguna evidencia de que Jesús o la mujer hayan reaccionado negativamente a la cuestión de los cinco maridos. Es probable que en los versículos anteriores el simbolismo alrededor del tema del agua se haya extendido a esta porción del encuentro. Recordemos que en el capítulo anterior Juan el Bautista se había referido a Jesús como el "esposo" (o el "novio"), una metáfora para describir su relación con aquellos que había bautizado. Llama la atención aquí que, a pesar de nuestra propia dificultad con el giro que la conversación ha tomado repentinamente, la mujer samaritana no se sorprende demasiado; por el contrario, termina por identificar a Jesús como "profeta". El llamamiento de Natanael, en el primer capítulo del mismo Evangelio (San Juan 1.47-51), puede ayudarnos a entender mejor todo esto. Igual que la mujer samaritana, también Natanael había identificado a Jesús de una manera muy especial ("Hijo de Dios" y "Rey de Israel") en el preciso momento en que se sintió descubierto por Jesús. (Recordemos aquí que el concepto hebreo de *conocer* a una persona implica ser conocido por esa persona, tal como lo afirma la tradición profética de Israel, para la cual *conocer* a Dios significa ser *conocido* por Dios.) Así pues, la mujer samaritana ha accedido a un nivel de conocimiento superior al hecho de sentirse conocida, o reconocida tal como ella es. La samaritana se sabe ahora en la presencia de Jesús, sin más secretos que ocultar. Su reacción no es evasiva, ni resiente el hecho de que Jesús la haya conocido tan profundamente. Por el contrario, responde positivamente. No sólo identifica a Jesús como "profeta" sino que además desea indagar más de él con respecto a una cuestión fundamental para el pueblo samaritano: el lugar apropiado para el culto de Dios.

En su respuesta a Natanael un poco antes, Jesús había dicho: "Les aseguro que ustedes verán el cielo abierto, y a los ángeles de Dios subir y bajar sobre el Hijo del hombre" (San Juan 1.51), alusión a la conocida visión de la escalera de Jacob, que los samaritanos habían utilizado por generaciones para argumentar que su templo en el monte Gerizim constituía el lugar apropiado para adorar a Dios. La mujer samaritana se encuentra en un dilema: "Nuestros antepasados, los samaritanos, adoraron a Dios aquí, en este monte; pero ustedes los judíos dicen que Jerusalén es el lugar donde debemos adorarlo." (San Juan 4.20) ¿En qué quedamos? Es probable que la extensa respuesta de Jesús haya confundido aún más a la mujer samaritana:

> —*Créeme, mujer, que llega la hora en que ustedes adorarán al Padre sin tener que venir a este monte ni ir a Jerusalén. Ustedes no saben a quién adoran; pero nosotros sabemos a quién adoramos, pues la salvación viene de los judíos. Pero llega la hora, y es ahora mismo, cuando los que de veras adoran al Padre lo harán de un modo verdadero, conforme al Espíritu de Dios. Pues el Padre quiere que así lo hagan los que lo adoran. Dios es espíritu, y los que lo adoran deben hacerlo de un modo verdadero, conforme al Espíritu de Dios.*
> *La mujer le dijo:*
> —*Yo sé que va a venir el Mesías (es decir, el Cristo); y cuando él venga, nos lo explicará todo.*
> *Jesús le dijo:*
> —*Ese soy yo, el mismo que habla contigo.*
> San Juan 4.21-26

¿Qué quiere decir este desconocido judío por "nosotros y vosotros"? Para la samaritana, este lenguaje en labios de Jesús no puede significar otra cosa que la división entre "judíos", y "samaritanos." ¿Cómo puede ser que ese desconocido haya cambiado tan pronto de parecer y ahora enfatice las mismas barreras de separación que hasta hacía unos momentos había echado abajo? No, Jesús no ha cambiado de parecer, pues la división entre "nosotros y vosotros" en este contexto específico no tiene nada que ver con judíos, por un lado, ni samaritanos, por el otro, sino entre aquellos que son nacidos del Espíritu de Dios y aquellos que no lo son. En el capítulo inmediatamente anterior a éste, Jesús le había dicho a Nicodemo: "Nosotros hablamos de lo que sabemos y somos testigos de lo que hemos visto" (San Juan 3.11). Como Nicodemo era judío, ¿qué necesidad tenía Jesús de plantear la antítesis "judíos/samaritanos" en su encuentro con él? El contexto aquí es diferente. En su conversación con Nicodemo, quien no se cuenta entre los que testificaban, Jesús no distingue entre judíos y no judíos, sino entre aquellos que son nacidos del Espíritu y aquellos que no los son (San Juan 3.6). En su conversación con la mujer samaritana, Jesús tampoco está hablando de las diferencias sociales (étnicas, raciales, culturales, religiosas, etc.) entre diferentes individuos, grupos o comunidades, en particular judíos y samaritanos, sino de la radical diferencia espiritual entre aquellos que conocen y, por lo tanto adoran a Dios "en espíritu y en verdad", y aquellos que no. Ahora bien: ¿a qué se refiere Jesús cuando habla de "adorar en verdad"? Numerosos biblistas coinciden en que la palabra que aquí se traduce como "verdad", el griego del Nuevo Testamento la usa para referirse a aquello que es real en contraste con aquello que es mera apariencia. En otras palabras: los verdaderos adoradores son aquellos que adoran a Dios en el espíritu de los que han experimentado un nuevo nacimiento pero no en apariencia, sino de una manera real y concreta.

La cuestión del "nosotros/vosotros" es de especial importancia para aquellos que están en posiciones de liderato, pues siempre existe la tentación de afirmar y observar los mismos límites que nuestra sociedad establece: límites y separaciones basados en diferencias étnicas, raciales, de género, culturales, ideológicas y aun denominacionales. En su encuentro con la samaritana, Jesús nos enseña que la verdadera diferencia está determinada por nuestra respuesta a Dios: entre aquellos que lo adoran de verdad y aquellos que no.

El relato del Evangelio no dice explícitamente que la mujer haya recibido del agua "viva", pero eso queda implícito. Al igual que los discípulos que dejaron sus redes para seguir a Jesús, la mujer samaritana dejó su cántaro y fue a la ciudad para dar testimonio de Jesús. Gracias a su testimonio, otras personas vinieron a Jesús y eventualmente lo reconocieron como su salvador. Fue la samaritana, una mujer con muy poca probabilidad de acceder a posiciones de liderato debido a las barreras sociales y los prejuicios de su tiempo, quien en definitiva relacionó a su propio pueblo, los samaritanos, con Jesús:

> *Muchos de los habitantes de aquel pueblo de Samaria creyeron en Jesús por lo que les había asegurado la mujer: "Me ha dicho todo lo que he hecho." Así que, cuando los*

samaritanos llegaron, rogaron a Jesús que se quedara con ellos. Él se quedó allí dos días, y muchos más creyeron al oír lo que él mismo decía. Y dijeron a la mujer:

—Ahora creemos, no solamente por lo que tú nos dijiste, sino también porque nosotros mismos le hemos oído y sabemos que de veras es el Salvador del mundo. San Juan 4.39-42

Conclusión

Igual que los grandes patriarcas de Israel muchos siglos antes, también ella hizo un compromiso junto al pozo de Siquem. Gracias a su compromiso de servir y adorar "en espíritu y en verdad", la anónima mujer de Samaria lideró a su comunidad, y a muchos otros, por los caminos que llevaban a Jesús. Tal como le había dicho el Señor, ahora había dentro de ella una fuente de agua viva brotando vida en abundancia.

Temas para reflexión y/o discusión

1. ¿Qué barreras entre su comunidad y otras obstaculizan un liderato interesado en la unión y el servicio a todos?

2. ¿Qué encuentra en común entre el liderato de la mujer samaritana y el suyo propio?

3. ¿Cuál pudo haber sido el énfasis en el testimonio de la samaritana tras su encuentro con Jesús?

4. ¿Cree que un liderato contra el prejuicio podría ayudar y enriquecer a nuestras comunidades, cualquiera que sea su identidad étnica o racial?

5. ¿Qué elementos o aspectos de la conversación entre Jesús y la mujer samaritana pueden inspirarnos a reevaluar algunas de nuestras propias maneras de proveer liderato?

Pablo

Líder para una nueva era

Lecturas bíblicas recomendadas: Hechos 1.1-8; 7.57–8.3; 9.1-20; 11.19-30; 12.25–28.31; Gálatas 1.10–2.21; 2 Corintios 12.1-10; Romanos 15.7-21; Efesios 3.1-12; Filipenses 3.3-11.

Lecturas bíblicas adicionales: Aunque este estudio enfoca la persona del apóstol como líder y no en su pensamiento teológico como tal, el lector puede beneficiarse de una lectura de todas las cartas atribuidas a Pablo (o, en algunos casos, atribuidas a los discípulos de él) para comprender mejor su carácter y su forma de pensar; a saber: Romanos, 1 & 2 Corintios, Gálatas, Efesios, Filipenses, Colosenses, 1 & 2 Tesalonicenses, 1 & 2 Timoteo, Filemón y Tito.

Introducción

El comienzo de un nuevo milenio ha hecho un gran impacto en nuestra forma de pensar y de ver las cosas. Aunque el calendario es un artefacto puramente humano y el último día del año 1999 no se distinguía notablemente del primer día del año 2000, la llegada de un nuevo milenio ha hecho que la gente piense de una forma diferente sobre lo que es vivir en la época que se inicia con este año.

Cierto es que la llegada del año 2000 requirió un gran esfuerzo tecnológico para crear nuevas formas de programar las computadoras, las cuales en esta era moderna regulan tanto el mercado internacional como los medios de transporte y de comunicación. Pero aún más allá de los cambios exigidos por la esfera tecnológica, o quizás a causa de ellos, puesto que vivimos en una edad marcadamente tecnológica y electrónica, se ha hecho un análisis de la necesidad de encontrar una nueva forma de pensar y de actuar en casi toda la esfera humana.

En el aspecto político, los que gobiernan o aspiran a hacerlo proponen nuevos programas para una nueva era. En la Iglesia también, con motivo de entrar a una nueva era en la historia, muchos han tomado el reto de considerar de una forma más amplia la esencia de vivir como Iglesia de Cristo en este tiempo, fiel a la misión que Jesucristo, mediante su Espíritu, encomienda a la Iglesia. En ella, los líderes buscan modelos que puedan servir de guía en la tarea de llevar el ministerio de la iglesia a una dimensión nueva; a una dimensión que responda a la realidad actual del siglo XXI.

La realidad de las comunidades hispanas al comenzar un nuevo milenio es variada y las circunstancias y experiencias son más diversas que nunca. Pero lo que tenemos en común, si miramos la situación de los hispanos en general en Centro y Sur América, al igual que en Norte América, es un cuadro de pobreza, de guerra y opresión, de falta de vivienda, de educación y de empleos adecuados, y de falta de capital para generar nuevos negocios y oportunidades. Vemos gentes separadas de sus familias y, con frecuencia, alejadas de su cultura de origen. También vemos en nuestras comunidades latinas un pueblo con ricos recursos: jóvenes sofisticados en las nuevas tecnologías e integrados a la nueva economía, un pueblo cada vez más unido y seguro de sus valores y tradiciones, una comunidad que está a la vanguardia con su expresión artística y con una presencia cada vez más impactante en las esferas políticas y económicas de la cultura anglo dominante.

Ante este cuadro retador y ante las dinámicas de las comunidades hispanas a principio del siglo XXI, nos preguntamos: ¿Cuál es el liderato que la Iglesia necesita para poder proclamar las buenas nuevas de la esperanza en Jesucristo al pueblo hispano de hoy de una forma que corresponda a su realidad y a las circunstancias que enfrenta?

El reto para la iglesia primitiva en los tiempos de Pablo

Sin lugar a dudas, la situación del pueblo latinoamericano en la actualidad tiene muchos paralelos con las circunstancias en las cuales se encontraba la comunidad judía en general en la época en que vivía Pablo. Así también la iglesia primitiva, la cual en sus principios era exclusivamente una secta dentro del judaísmo. El imperio greco-romano del mundo antiguo ejercía para aquel entonces un dominio económico e ideológico que compara con el alcance y dominio del nuevo imperio tecnológico y capitalista moderno. La mayoría del poder y del capital reposaba en manos de unos pocos. Y como en todo gran imperio, el sistema romano imponía su estampa en todo los asuntos del quehacer humano para la vida de aquel entonces.

Bajo el dominio romano, la comunidad judía era una comunidad sometida; una comunidad minoritaria en todo sentido de la palabra. Aunque los judíos contaban con una historia, cultura, religión, idioma y tradiciones distintas, no controlaban capital suficiente para asegurar su propio futuro. Por ejemplo, ellos no tenían el poder para imponer sus propios impuestos, establecer sus propias leyes, y no eran soberanos en cuanto al derecho de independientemente dictar sentencia en sus propias cortes de justicia. Aunque los césares reconocían la religión judía como una de las religiones oficiales en el imperio y permitían cierta libertad a los judíos para mantener sus tradiciones, sus sinagogas y hasta su Concilio para tomar decisiones en cuanto a la ley prescrita por Moisés, estos vivían expuestos a períodos de persecución. Aún en los mejores de los tiempos, su vida como comunidad, la sobrevivencia de sus instituciones, sus derechos civiles y su estatus en general estaban a la merced de un poder extraño que permitía cierta medida de autonomía, siempre y cuando la misma no compitiera con los intereses del césar. En el mismo libro de los Hechos de los Apóstoles tenemos un ejemplo con Pablo que ilustra la desigualdad de estatus entre las personas. Aquellos, como Pablo, que poseían ciudadanía romana se beneficiaban de los derechos y las protecciones legales como ciudadanos de "primera clase", de lo cual no gozaban las demás personas (Hechos 22.25-29; 23.27; 25.10-12).

> Pero cuando ya lo tenían atado para azotarlo, Pablo le preguntó al capitán que estaba presente:
> —¿Tienen ustedes autoridad para azotar a un ciudadano romano, y además sin haberlo juzgado?
> Al oír esto, el capitán fue y avisó al comandante, diciendo:
> —¿Qué va a hacer usted? Este hombre es ciudadano romano.
> Entonces el comandante se acercó a Pablo, y le preguntó:
> —¿Es cierto que tú eres ciudadano romano?
> Pablo le contestó:
> —Sí.
> El comandante le dijo:
> —A mí me costó mucho dinero hacerme ciudadano romano.
> Y Pablo respondió:
> —Pues yo lo soy por nacimiento.
> Con esto, los que iban a azotar a Pablo se apartaron de él; y hasta el mismo comandante, al darse cuenta de que era ciudadano romano, tuvo miedo por haberlo encadenado.
> Hechos 22.25-29

Si bien el dominio imperial aplastaba los derechos de las masas y creaba miseria y sufrimiento para la mayoría, tenía que crear también ciertas oportunidades nuevas. El mundo greco-romano abarcaba para aquel entonces un territorio enorme que traspasaba mares y continentes. Comprendía lo que hoy día conocemos como Francia, España e Italia, al sur de Europa; Grecia, Turquía, el Medio Oriente e Irán en el oriente de Asia; y Egipto, Libya, Tunisia y Algeria en el norte de África, al sur del imperio. Dondequiera que los soldados construyeron caminos por tierra y los marineros establecieron las rutas de navegación en el mar para facilitar el movimiento de los ejércitos del césar, también transitaban los comerciantes. Y con el intercambio de mercancía también fluía el intercambio de ideas, idiomas, filosofías y religiones. También migraban las gentes; a veces buscando nuevas oportunidades, y con frecuencia, esparcidas a la fuerza. Dentro del contexto de un nuevo conocimiento de personas, ideas y creencias esta era una época propicia para definir la propia identidad e identificar de dónde uno viene y hacia dónde va.

¿Cómo, podría la Iglesia primitiva —para aquel entonces un grupo pequeño de judíos de Galilea, en su mayoría gente sin mucho conocimiento del mundo más amplio y por cierto gente sin "letras"— cumplir con la gran comisión de ser testigos de Jesús en Jerusalén, en toda Judea, en Samaria y hasta en las partes más lejanas de la tierra? (Hechos 1.8-11) ¿Cómo podrían ministrar de manera que la gente de su época llegara a autodefinirse como hijos de un sólo Creador y hermanos, unos con otros, mediante la obra salvadora de Jesucristo? A la Iglesia primitiva le haría falta liderato para esta nueva era. Según se nos relata en los Hechos de los Apóstoles, la misión empieza a realizarse en Jerusalén en el día de Pentecostés cuando el Espíritu Santo desciende y Dios le añade a la Iglesia en Jerusalén "judíos cumplidores de sus deberes religiosos" y muchos más llegados de todas partes del mundo entonces conocido (Hechos 2.5-11,47). Luego de la persecución que siguió a la muerte de Esteban, los fieles de la iglesia "que tuvieron que salir de Jerusalén anunciaban la buena noticia por dondequiera que iban" (8.4). Pero faltaba todavía un líder que dirigiera a la Iglesia en el cumplimiento de su misión de llevar el mensaje hasta lo último de la tierra. Es así como el Señor instruye a un hombre de Damasco llamado Ananías diciéndole: "Ve, porque he escogido a ese hombre (Pablo) para que hable de mí a otras naciones, y a sus reyes, y también a los israelitas" (Hechos 9.15). Tomando las palabras del profeta Isaías (Isaías 42.6; 49.6), Pablo mismo habría de articular su vocación de la siguiente manera:

> Porque así nos mandó el Señor, diciendo:
> "Te he puesto como luz de las naciones,
> para que lleves mi salvación
> hasta las partes más lejanas de la tierra."   Hechos 13.47

Para la iglesia de su tiempo, Pablo llegaría a ser el líder de una nueva era.

Pablo: su carácter, su identidad y su formación como judío y fariseo

Para entender a Pablo como líder y para comprender la aportación que hace a la iglesia —la cual, como ya hemos mencionado, era para ese tiempo un pequeño círculo dentro de la comunidad judía— es preciso entender de dónde viene y quién es. Pablo (la forma griega de su nombre), nace Saulo (su nombre hebreo), de padres judíos viviendo no en Palestina, sino como parte de la diáspora judía, en la ciudad de Tarso, capital de la provincia romana de Cilicia (Hechos 22.3). Aunque naciera en una capital imperial con ciudadanía romana (Hechos 22.27,28), sus padres lo criaron como el hijo de Israel que era. Pablo mismo cuenta en su carta a los Filipenses que siendo judío de la tribu de Benjamín, fue circuncidado al octavo día según la tradición (Filipenses 3.5, sobre la circuncisión al octavo día; cf. Génesis 17.10-14). Pablo se apropió de esa herencia y esa identidad. Él cuenta que a una temprana edad se trasladó a Jerusalén donde "estudié bajo la dirección de Gamaliel (el notado rabino) muy de acuerdo con la ley de nuestros antepasados" (Hechos 22.3). Pablo se describe a sí mismo como "hebreo e hijo de hebreos", asegurando que su vida en cuanto al "cumplimiento de la ley, era irreprochable" (Filipenses 3.5,6).

Era una persona de integridad, consistente con sus valores y con sus creencias, viviendo "con la conciencia tranquila delante de Dios" (Hechos 23.1). Siempre había "procurado servir a Dios" (Hechos 22.3) de tal manera que en cuanto a la religión dice que "dejaba atrás a muchos de mis paisanos de mi misma edad, porque era mucho más estricto en mantener las tradiciones de mis antepasados" (Gálatas 1.14). Aunque Lucas nos dice que luego de la famosa visión en la que Jesús se le manifestó en el camino a Damasco, Pablo "hablaba cada vez con más valor . . . demostrándoles que Jesús es el Mesías" y "comenzó a proclamar en las sinagogas que Jesús es el Hijo de Dios" (Hechos 9.1-22), estas mismas características de devoción y entusiasmo irreprimibles se las podemos aplicar aún antes de su conversión al Evangelio. En el primer encuentro que tenemos con Saulo en el libro de los Hechos, vemos a un hombre consintiendo con la muerte de Esteban porque entendía que este blasfemaba la tradición de sus padres (Hechos 7.58). Desde luego, lo vemos como un hombre entregado, persiguiendo "a muerte" a los del "Nuevo Camino" (Hechos 22.4,5; 26.9-11), asolando la iglesia, entrando casa por casa, arrastrando a hombres y mujeres y enviándolos a la cárcel (Hechos 8.3).

La otra característica que sobresale en todo lo escrito por él y sobre él es que Pablo era un hombre sumamente dotado intelectualmente y muy estudioso por naturaleza. Festo, el gobernador romano de la provincia de Judea, lo dice todo cuando testificando la valentía con que Pablo se dirige al rey Agripa, le dice: "¡Estás loco, Pablo! ¡De tanto estudiar te has vuelto loco!" (Hechos 26.24). A través de lo relatado sobre su ministerio en el libro de Hechos, llegamos a entender que Pablo domina el hebreo (22.2) y el griego (21.37) por igual. Conoce tanto la ley romana como la judía (23.3). Vivió conforme a la enseñanza de los fariseos, "la secta más estricta de nuestra religión" (26.5b); sin embargo demuestra también conocimiento de las enseñanzas de los saduceos (23.6-8), la otra escuela religiosa dominante entre los judíos en esos tiempos. Conoce la filosofía de los epicúreos y la de los estoicos; lo vemos discutir con sus filósofos en la plaza de Atenas (17.16-18) y en el Areópago de ese antiguo centro intelectual mundial donde cita la poesía griega (17.28).

Su actividad y prédica como apóstol

Sólo tenemos que hacer una lectura somera del libro de Hechos, de los capítulos del trece en adelante, en donde se relata la actividad misionera de Pablo —los cuatro grandes viajes en que lleva el Evangelio y planta iglesias nuevas a lo largo del territorio del imperio romano— para apreciar su gran aportación a la Iglesia como pionero y como ejemplo de una incansable iniciativa en responder a la gran comisión de Jesús. Pero mucho más que pionero y ejemplo, Pablo se convirtió en gran líder y maestro de una nueva era en la Iglesia por la forma en que él, siendo judío, llega a interpretar el evangelio de Jesucristo (el prometido al pueblo de Israel) al mundo entero: tanto a gentiles como a judíos. Con su liderato, Pablo sienta las bases para que la Iglesia crezca como un solo cuerpo unido.

Al analizar bien sus características como líder, notamos en primer lugar que Pablo nunca olvidó su identidad judía, ni los valores y las tradiciones que le fueron inculcados desde su niñez. Nunca los abandonó y nunca dejó de ser quien era. Hasta el final de su ministerio, estando preso en Roma, declaraba y testificaba sobre el reino de Dios tratando "de convencerlos acerca de Jesús, por medio de la ley de Moisés y los escritos de los profetas" (Hechos 28.23). Siempre se consideró fariseo (Hechos 23.6) y observaba las tradiciones judías: iba a la sinagoga los sábados, dondequiera que estuviera (Hechos 9.20; 13.14; 14.1; 17.2,17; 18.1-5,19); cumplía con los ritos de purificación nazarea (Hechos 21.23-26); y circuncidó a Timoteo según la práctica judía. Luego de haber llevado a cabo tres viajes misioneros, y ahora ante Félix, el gobernador romano de Judea, quien lo había arrestado tras las acusaciones de apostasía hecha por los líderes judíos, Pablo dice en su defensa:

> Lo que sí confieso es que sirvo al Dios de mis padres de acuerdo con el Nuevo Camino que ellos llaman una secta, porque creo todo lo que está escrito en los libros de la ley y de los profetas. Y tengo, lo mismo que ellos, la esperanza en Dios.   Hechos 24.14,15a

Vemos, además, en Pablo a un líder que aunque fuera pionero y siempre estaba al frente, nunca laboraba aisladamente. Su liderato reconocía y afirmaba la naturaleza comunitaria de la iglesia y de la obra misionera impulsada por el Espíritu Santo a través de la comunidad de creyentes. Sentía que su llamado era dispensado por la iglesia ya fuera en cuanto a su rol en la colecta de fondos para los hambrientos en Judea (Hechos 11.29-30; 12.25; cf. Romanos 15.25-28; 2 Corintios 8.1–9.15) o en cuanto a emprender su carrera evangelística (13.1-3). En cuanto hubo "discusión y contienda" con los que insistían en la imposición de las obligaciones de la ley mosaica a los creyentes no judíos, Pablo, encaminado por la iglesia en Antioquía de Siria, accedió a ir a Jerusalén para que los apóstoles y ancianos de la iglesia madre trataran esta "cuestión". Informó a la asamblea sobre "todas las cosas que Dios había hecho con ellos" y aceptó el juicio emitido por Santiago a nombre de la asamblea de que no se les exigiera sino que se apartaran "de las contaminaciones de los ídolos, de fornicación, de ahogado y de sangre" (15.1-30). Luego, en su segundo viaje misionero, Pablo mismo se encargó de comunicar a las iglesias que él había fundado, las decisiones que habían tomado los apóstoles y los ancianos en Jerusalén (16.4,5).

Pablo se arraigaba en el pensar y en el sentido más amplio de comunidad así como en las tradiciones de la ley y los profetas de sus padres; y estaba en diálogo con los grandes pensadores de las demás filosofías y religiones de su tiempo. Se convirtió en un gran líder para la Iglesia, en el momento en que ella se encontraba al amanecer de una nueva era, precisamente porque él era una persona que pensaba abarcadoramente, abriéndose a discernir la palabra de Dios para aquel tiempo y la realidad actual de su gente. Considerando cada perspectiva a la luz de la razón, la esperanza en un Dios capaz de resucitar de entre los muertos (Hechos 13.32-41; 1 Corintios 15), y su propia conciencia, Pablo se atrevía a extender los horizontes teológicos y no dejó de diferir de los demás líderes más augustos cuando percibía que el Espíritu de Dios le llevaba por un camino distinto. El ejemplo más notable de esto es cuando Pablo reprende a Pedro por su hipocresía en cuanto el asunto de obligar a los gentiles a vivir bajo la ley de Moisés (Gálatas 2.11-14). Veamos:

> "Pero cuando Cefas fue a la ciudad de Antioquía, lo reprendí en su propia cara, porque lo que estaba haciendo era condenable. Pues primero comía con los no judíos, hasta que llegaron algunas personas de parte de Santiago; entonces comenzó a separarse, y dejó de comer con ellos, porque tenía miedo de los fanáticos de la circuncisión. Y los otros creyentes judíos consintieron también con Pedro en su hipocresía, tanto que hasta Bernabé se dejó llevar por ellos. Por eso, cuando vi que no se portaban conforme a la verdad del evangelio, le dije a Cefas delante de toda la comunidad: Tú, que eres judío, has estado viviendo como si no lo fueras; ¿por qué, pues, quieres obligar a los no judíos a vivir como si lo fueran?"

Quizás la aportación teológica más trascendental que Pablo hace a la Iglesia (la cual se desarrolla en su forma más completa y rigurosa en las cartas dirigidas a los Romanos y a los Gálatas) es el concepto de que todos, ya sean judíos o griegos, hombres o mujeres, esclavos o libres (Gálatas 3.28) forman ya una sola comunidad por la gracia que un sólo Dios confiere a todos por igual. Pues Jesucristo, al derramar su sangre como ofrenda efectiva, derribó cualquier barrera que separaba a la gente de Dios, y por lo tanto derribó también cualquier barrera de tradición religiosa que los humanos edifiquemos y que pueda separarnos los unos de los otros (Efesios 2.13-22). "De un solo hombre," Pablo les declara a los atenienses, "hizo él (Dios) todas las naciones, para que vivan en toda la tierra" (Hechos 17.26). Considerando que Pablo es un judío y fariseo celoso de las tradiciones de sus padres, Pablo lleva este concepto a su conclusión más radical, pero a la vez a su conclusión más consistente, respecto a la ley de Moisés: Pablo declara las ordenanzas de la ley abolidas (Efesios 2.15). Además, como instrumento para conducir al ser humano a una reconciliación con Dios, la misma ley es "pecado" y "muerte" (Romanos 8.1-4). Ya sea a través de su articulación erudita del concepto teológico de la justificación por la gracia mediante la fe o por su enseñanza práctica, Pablo efectivamente llama a la Iglesia a hacer de la partición del pan, cada primer día de la semana —en celebración de la muerte y resurrección de Jesucristo— el símbolo central de su vida comunitaria. Pablo coloca la lectura y enseñanza de las Sagradas Escrituras en el contexto de esta celebración y no en la reunión del sábado en la sinagoga (Hechos 20.7; 1 Corintios 16.2). Con este cambio radical en cuanto a su ritual, la Iglesia pasa a distinguirse marcadamente de sus raíces judías y a cobrar una nueva identidad para la época en que llega a ser tanto una comunidad para gentiles como para judíos.

Conclusión: Cualidades de liderazgo para una nueva era

Sin lugar a dudas, la Iglesia primitiva en los tiempos de Pablo tenía ante sí un gran reto en cuanto a su encomienda de llevar el evangelio de Jesucristo hasta las partes más lejanas de la tierra. Era una misión para una nueva era. Una misión para ser realizada en el nuevo mundo del gran imperio romano. Este era un mundo en que los poderosos césares explotaban las masas e imprimían su estampa ideológica en toda esfera de la vida. Tan pesada era su dominación que los pueblos sujetos a su yugo, subsistían bajo la continua amenaza de extinción de sus culturas, tradiciones y forma de vivir. A la vez, debido a la gran diversidad de gente a lo largo del territorio que el imperio comprendía, el nuevo contexto histórico proveía nuevas oportunidades y nuevos medios para el intercambio de ideas y tecnologías. Esta época exigía que las personas, los pueblos y las instituciones se autodefinieran de una forma nueva.

Para la Iglesia de ese tiempo, Pablo llegó a ser un líder sin par. Pablo sería quien llevaría a la Iglesia a una nueva etapa en cuanto a su misión y en cuanto al desarrollo de una identidad. Si nos detenemos a estudiar su persona y su estilo de liderato, tenemos en Pablo un modelo para el desarrollo del liderazgo de la Iglesia de nuestros días. Nosotros, los cristianos de hoy, tenemos un reto por delante, pues vivimos en una realidad con muchos paralelos con la de aquel entonces. Vemos que Pablo estaba capacitado para llevar a la Iglesia a una nueva etapa, primeramente porque estaba arraigado en las tradiciones y valores de sus padres; Pablo sabía quién era y de dónde venía, pues era un estudiante, diligente y aplicado de su propia tradición. Conviene que la Iglesia de hoy día haga un concienzudo análisis sobre qué oportunidades para estudiar a fondo las escrituras y las tradiciones del pueblo cristiano provee a los que aspiran al liderato.

También vemos en Pablo a una persona que se define a sí mismo en relación a su comunidad, siendo esta la comunidad judía en general o la cristiana naciente. A este fin, Pablo dialogaba con sus colegas, respetaba las decisiones tomadas por las asambleas de esas comunidades y buscaba integrar la labor que él realizaba al trabajo de la comunidad más amplia. Pablo aprendía de su comunidad y también aportaba a ella. Pero Pablo no se veía solamente como miembro de comunidades locales, creadas por la afinidad a una misma tradición; con apetito voraz, estudiaba no sólo sus propias tradiciones, sino también las tradiciones y pensamientos, tanto antiguos como nuevos, de todo el mundo conocido de entonces. Siempre buscaba llegar a un nuevo conocimiento de sí mismo, de su tradición y del mundo, a través del diálogo y el intercambio de ideas. Al final de su ministerio, Lucas presenta a Pablo recibiendo *a todos los que iban a verlo*, predicando el reino de Dios y enseñando acerca del Señor Jesucristo *sin que nadie se lo estorbara* (Hechos 28.30,31).

Su devoción a Dios, sus profundos conocimientos y su forma de pensar tan abarcadora le permitieron a Pablo ver la Palabra de Dios, no como algo estático, finalizado y cerrado, sino como una palabra viva y dinámica a ser discernida en su tiempo. Esta era una palabra consistente con el testimonio de fe de los antecesores, pero una palabra que podía trascender lo antiguo y dirigirse a la nueva realidad. Precisamente porque estaba tan arraigado en la tradición de la ley y los profetas y era conocedor de la dinámica de su tiempo, Pablo podía recorrer territorio nuevo con su mensaje y podía proclamar una Palabra de Dios liberadora y esperanzadora para su tiempo. Pablo se atreve a dar una interpretación nueva a las escrituras antiguas. Esto hizo, por ejemplo, cuando aplicó las antiguas profecías de Isaías a su propia vocación y ministerio (Hechos 13.47); hasta se atreve a declarar que algunas enseñanzas de las escrituras antiguas ya no eran la palabra de Dios para su tiempo —por ejemplo lo escrito sobre el papel de la ley mosaica para el pueblo judío y sobre las distinciones antes exigidas en las escrituras entre mujer y hombre, esclavo y libre, gentil y judío.

Vemos en el liderato de Pablo la evidencia de una convicción profunda de que siendo Dios quien "hizo el mundo y todas las cosas que hay en él" y en quien todos "vivimos, nos movemos y existimos" (Hechos 17.24,28); como líderes debemos crear en la Iglesia círculos cada vez más amplios de inclusión de las gentes, sus ideas, sus formas de ser y vivir. Debemos buscar cómo la Iglesia puede abrazar las tradiciones distintas a las nuestras y, sobre todo, debemos oponernos a cualquier práctica, enseñanza o tradición, por sagrada que sea, que tenga el resultado de crear separaciones dentro de la Iglesia o entre la gente de la Iglesia y los demás. Pablo establece el principio claramente: cualquier tendencia que cree barreras entre las personas no conforma con la ley del Espíritu (Romanos 8.1-17; Efesios 2.14-18).

Si vemos en Pablo a una persona devota y estudiosa viviendo de acuerdo a su fe y a los conocimientos adquiridos tras una disciplina de estudio, también vemos en él a alguien que nos enseña a vivir de acuerdo al sentido de lo que es correcto, de acuerdo al sentido común, nunca abandonando nuestra conciencia. Ofreciendo su defensa ante el Concilio judío en Jerusalén, el cual con tanta hostilidad escuchaba su testimonio de Jesús como aquel en que se cumplían las esperanzas de Israel, Pablo les dice sencillamente, "Hermanos, yo he vivido hasta hoy con la conciencia tranquila delante de Dios" (Hechos 23.1).

Siguiendo su conciencia y el sentido de su vocación, Pablo se convierte en un ejemplo para todos por su entrega total al ministerio que Dios le encomienda, no temiendo las posibles consecuencias y nunca mirando hacia atrás. Es notable que al recibir la visión en el camino a Damasco, la cual cambiaría el rumbo de su devoción, no se hace mención alguna de ningún remordimiento de su parte en cuanto a su vocación pasada de perseguir a los del "Nuevo Camino" sino que, como relata Lucas, Pablo se entrega "en seguida" al reto del momento:

> *Saulo, no dejaba de amenazar de muerte a los creyentes en el Señor. Por eso, se presentó al sumo sacerdote, y le pidió cartas de autorización para ir a las sinagogas de Damasco, a buscar a los que seguían el Nuevo Camino, tanto hombres como mujeres, y llevarlos presos a Jerusalén. Pero cuando ya se encontraba cerca de la ciudad de Damasco, una luz que venía del cielo brilló de repente a su alrededor. Saulo cayó al suelo, y oyó una voz que le decía: "Saulo, Saulo, ¿por qué me persigues?"*
> *Saulo preguntó: "¿Quién eres, Señor?" La voz le contestó: "Yo soy Jesús, el mismo a quien estás persiguiendo. Levántate y entra en la ciudad; allí te dirán lo que debes hacer."*
> Hechos 9.1-6

Más adelante encontramos que *Saulo hablaba cada vez con más valor, y dejaba confundidos a los judíos que vivían en Damasco, demostrándoles que Jesús es el Mesías* (9.22).

Si tuviéramos que señalar la aportación más grande de Pablo como maestro, apóstol y mentor de cristianos, sería esta: su ayuda en discernir la palabra de Dios para nuestra realidad y para nuestra vida. En otras palabras, Pablo nos enseña que un líder es aquel que con su ejemplo enseña el camino que lleva a la comprensión de la Palabra de Dios a los que le rodean. Si seguimos el ejemplo de Pablo, Dios puede hacer de nosotros líderes en la Iglesia para esta nueva era y así proveer para que la Iglesia proclame un Cristo que ofrece esperanza, que libera a los cautivos y anuncia el favor de Dios para la humanidad de nuestros tiempos. ¡Ojalá que podamos llegar a ser esos líderes! ¡Ojalá que la Iglesia responda a esa misión!

Temas para reflexión y/o discusión

1. En nuestra vida como Iglesia, ¿cómo podemos afirmar las tradiciones, las experiencias religiosas y nuestra identidad como pueblo hispano y, a la vez, hacer que el conocimiento y la celebración de esa tradición sirva para ayudar a la gente a llegar a un nuevo conocimiento de sí mismo y a una experiencia enriquecida de Dios en el presente?

2. En nuestra práctica, ¿cómo podemos mantenernos abiertos a las tradiciones de las demás comunidades cristianas? ¿Cómo podemos estimular a los demás al diálogo y a compartir con otros que sean diferentes a nosotros? ¿Cuál es la importancia de hacerlo?

3. ¿Vemos a la tradición como algo seco o estático, o podemos concebir la Palabra de Dios como una palabra viva y dinámica que puede dirigirse a nuestra realidad? ¿Podemos identificar áreas en las cuales la Palabra de Dios nos dirige a explorar un nuevo terreno? ¿Tiene la Palabra de Dios algo nuevo que decirnos sobre nuestra misión e identidad como Iglesia?

4. ¿Qué importancia le damos en nuestras iglesias al estudio de las Escrituras, de las tradiciones de la Iglesia y de otras tradiciones?

Colaboradores

SR. SILVERIO SÁNCHEZ, Pastor, Iglesia Metodista Unida San Marcos, Baytown, Texas.

RVDO. FRANKLIN GUERRERO, Secretario para la América Latina, Junta de Ministerios Globales, Iglesia Metodista Unida, Nueva York, Nueva York.

RVDA. LYDIA E. LEBRÓN RIVERA, Directora Asociada para Recursos en Español, Sociedad Bíblica Americana, Nueva York, Nueva York.

RVDO. RICHARD BOWYER, Pastor Universitario, Fairmont State College, Fairmont, West Virginia.

RVDO. ARIEL FERRARI, Pastor, Iglesia Metodista Unida Cristo, New Rochelle, Nueva York.

SRA. JENNY ROSARIO, Estudiante, Universidad del Sagrado Corazón, Santurce, Puerto Rico.

RVDO. GUSTAVO VINAJERAS, Pastor, Iglesia Luterana San Mateo, Union City, Nueva Jersey.

SRA. MAYRA RIVERA, Estudiante del Nuevo Testamento, Escuela de Teología de Drew University, Madison, Nueva Jersey.

RVDO. DANIEL JOHANSSON, Pastor, Iglesia Luterana Cristo y San Juan, West New York, New Jersey.

Notas

183

Modelos de Liderazgo Estudios bíblicos para el ministerio

Modelos de Liderazgo Estudios bíblicos para el ministerio